洋経済

アクティビスト 牙むく株主

週刊東洋経済 eビジネス新書　No.349

アクティビスト　牙むく株主

本書は、東洋経済新報社刊『週刊東洋経済』２０２０年4月１８日号より抜粋、加筆修正のうえ制作しています。情報は底本編集当時のものです。（標準読了時間　９０分）

アクティビスト　牙むく株主　目次

・あの投資家は敵か味方か……1
・黒船襲来でバトルが過熱……11
・物言う株主の栄枯盛衰……23
・大企業を襲う強欲な手口……28
・圧力テコに経営改善を断行　ＪＲ九州とオリンパス……37
・村上ファンドが残した爪痕……43
・直伝！〝最強防衛策〟……50
・大激論！　株主の利益追求、悪いことですか？……56
・アクティビスト「害悪論」に大反論！……64
・アクティビストに「便乗」して稼ぐ……71
・迫り来るＥＳＧの波……76
・INTERVIEW　一橋大学　ＣＦＯ教育研究センター長・伊藤邦雄……84

・価値創造のストーリーをアクティビストに打ち返せ……84
・会社への白紙委任状で判明　大手損保、信託銀行のおざなり……91
・持ち合い進めるトヨタの焦燥……98
・経済安保強化に乗じたアクティビスト封じ……103
・INTERVIEW　国際基督教大学　特別招聘教授／東京大学　名誉教授・岩井克人……108
・会社はモノでありヒト　会社財産は会社の所有物……108

どうなる？ 企業と株主の関係

あの投資家は敵か味方か

「アクティビスト（物言う株主）」の米エリオット・マネジメントの幹部が来日したのは、２０２０年１月下旬のことだ。目的は、ソフトバンクグループ（ソフトバンクG）の孫正義会長兼社長、後藤芳光・最高財務責任者、「ソフトバンク・ビジョン・ファンド」を統括するラジーブ・ミスラ副社長らと面談することだった。

エリオットは、年金基金などから資金を集め、運用総額は２０１９年末で４０２億ドル（約４兆４０００億円）。１９年に世界の有力企業に迫った提案数は１４と、アクティビストの中で最も多いことに加え、かつてアルゼンチンや韓国といった国家を相手取って訴訟を起こしたこともあるだけに、「世界最強のアクティビスト」と恐れられる存在だ。

そんなエリオットは、ここ最近、通信企業やハイテク企業をターゲットにしている。2019年には米通信大手AT&Tに約30億ドル投資し、資産売却や株主還元を求めた。そして、ついに日本のソフトバンクGに狙いを定めたのだ。

エリオットは、ソフトバンクGの発行済み株式の約3%を、25億ドル（約2725億円）以上の資金をかけて取得。そのうえで、同社が保有する中国アリババ株などを売却し、その資金で200億ドル規模の自己株買いを実施すること、社外取締役を増やすこと、そしてビジョン・ファンドの透明性を向上させることなどを要求した。

これに対し孫社長は、当初、アリババ株の売却には否定的だった。自己株買いには賛意を示したものの、「時期や金額は社債償還などとのバランスを見ながら」と含みを残していた。

ところが、それからわずか1カ月半ほどで態度を一変させる。

向こう1年かけて4兆5000億円分の資産を売却し、最大2兆円分の自己株を買い入れると発表したのだ。その前に発表していた分も合わせると、自己株買いは最大

2兆5000億円にも上る。

社外取締役についても6月の株主総会で3人以上の増加を提案するという。つまり、エリオットによる3つの要求のうち2つが、あっという間に通った格好だ。

それだけではない。会社側は肯定も否定もしないが、この間、エリオットはMBO（経営陣も参加する買収）も提案したもようだ。

ソフトバンクGは、アリババ株など30兆円超の金融資産を保有する。それに対して、株価の急落もあり、時価総額は一時、6兆円程度にまで落ち込んでいた。

そのため、かなりのプレミアムを乗せたとしても、大儲けできるという読みがあった。この提案は流れたようだが、株価が大幅に下落すれば再び現実味を帯びるかもしれない。

こうした経緯もあり、エリオット幹部は「ソフトバンクGとのエンゲージメント（目的を持った対話）には、おおむね満足している」と周囲に漏らしているという。

創業者で、ソフトバンクGを世界トップクラスの企業にまで育て上げた孫社長を、いとも簡単に心変わりさせてしまう、アクティビストという豪腕な株主たち。

エリオットだけでなく、数多くのアクティビストが今、割安になった日本企業に狙いを定めて相次いで上陸。株主還元策やガバナンスの強化といった要求を突きつけ、日本企業を慌てさせている。

2020年4月8日にはオアシス・マネジメントの株主提案が全て通り、サン電子の取締役4人が解任された。

そして、ここ数年、ガバナンスを中心に諸制度が整備され、既存の株主たちも声を上げ始めた。

次のグラフは、株主提案を受けた上場企業数の推移をまとめたものだが、明らかに「物言う株主」が増加していることがわかる。

日本の株主たちが目覚め、企業に対し牙をむき始めたのだ。

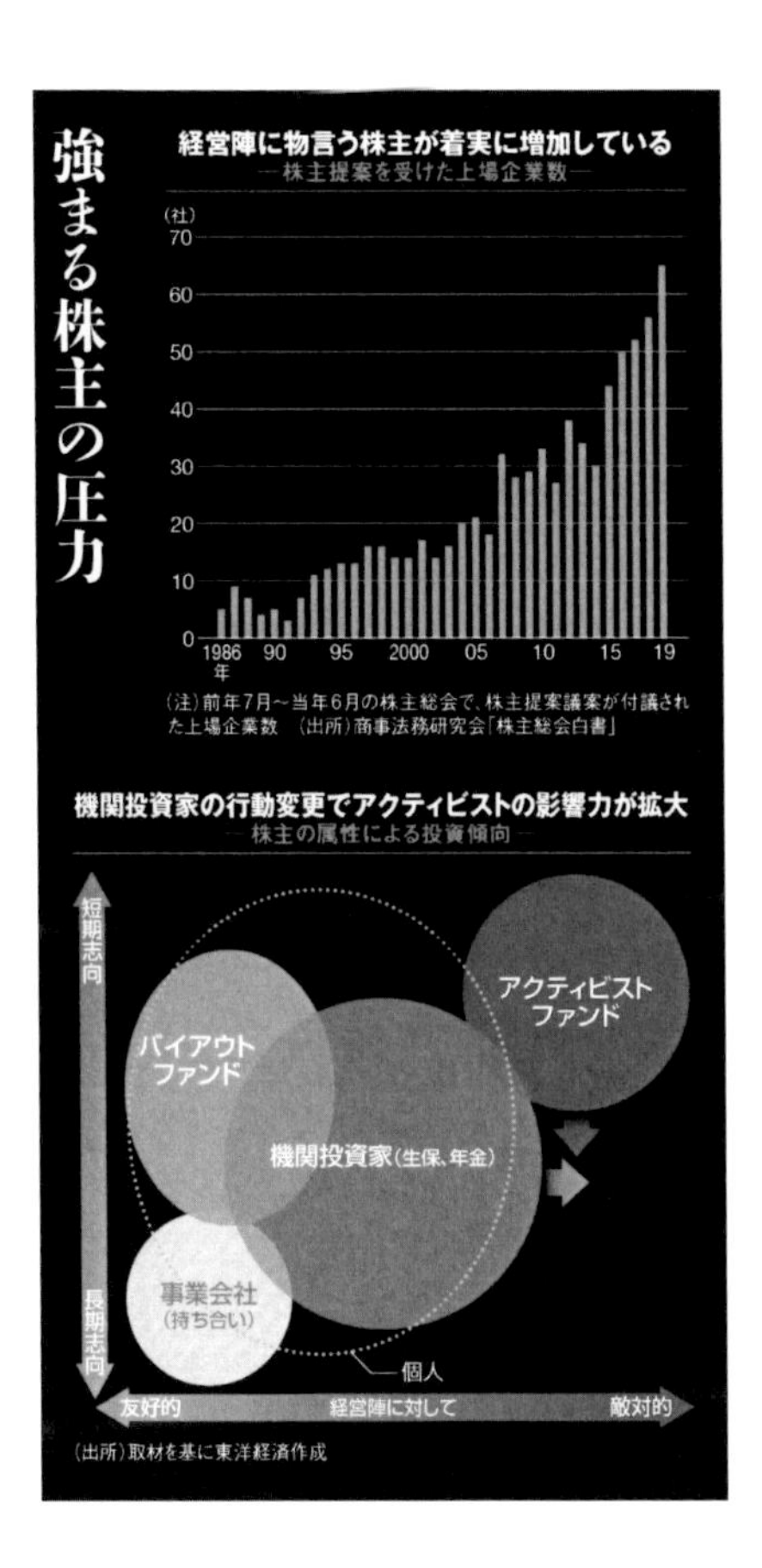
強まる株主の圧力
経営陣に物言う株主が着実に増加している
─株主提案を受けた上場企業数─
(社)
70
60
50
40
30
20
10
0
1986年
90
95
2000
05
10
15
19
(注)前年7月～当年6月の株主総会で、株主提案議案が付議された上場企業数　(出所)商事法務研究会「株主総会白書」
機関投資家の行動変更でアクティビストの影響力が拡大
─株主の属性による投資傾向─
短期志向
長期志向
バイアウトファンド
アクティビストファンド
機関投資家(生保、年金)
事業会社(持ち合い)
個人
友好的
経営陣に対して
敵対的
(出所)取材を基に東洋経済作成

米国では逆回転も

一方、「株主至上主義」の総本山で、これまでアクティビストたちが暴れ回っていた米国では、コロナショックを機に逆回転が始まっている。

2020年3月27日、トランプ大統領が署名して成立した「コロナウイルス支援・救済・経済保障（CARES）法」。大企業と地方政府向けに5000億ドルの融資と融資保証が盛り込まれたが、その主な対象となるのが航空大手や航空機大手のボーイングだ。資金繰り難で政府に支援を要請していたからだ。

しかし、支援には特別な「条件」がついた。融資の返済から1年間、自己株買いと配当を禁止。さらに経営陣の報酬も制限されたのだ。

トランプ大統領が、「救済資金が自己株買いや経営者のボーナスに使われることは望まない。従業員のために使われるべきだ」と言及するほどの念の入れようだ。

というのも米国では、アクティビストたちが金科玉条のように掲げる自己株買いや配当を通じた過度の株主還元がやり玉に挙げられているからだ。

確かに、S&P500に採用されている大企業の自己株買いの合計額は、2018年に8064億ドルと過去最高を記録、19年も7287億ドルと高水準を維持している。配当を含めると合計の期間純利益を上回る株主還元が行われた。

その結果、フィリップ モリス インターナショナルやボーイング、マクドナルド、スターバックス、アメリカン航空グループといった24社が債務超過に陥っている。大半は、歴史的な低金利もあって社債を発行、その借金で利益を上回る自己株買いや配当を実施したために、資本を取り崩した結果だ。

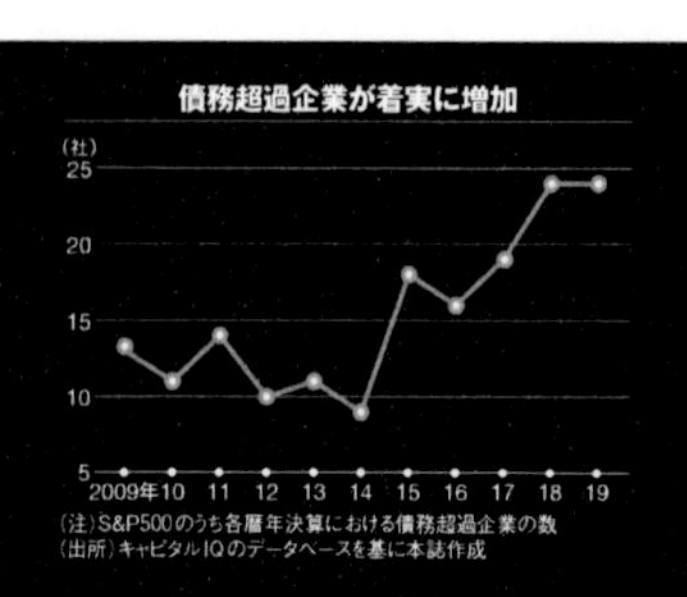

(注)S&P500のうち各暦年決算における債務超過企業の数
(出所)キャピタルIQのデータベースを基に本誌作成

ボーイング、マック、スタバなど有名企業が債務超過

—S＆P500の債務超過企業—

社名	事業内容	株主資本(百万ドル)
フィリップ モリス インターナショナル	たばこ	▲9,599
ボーイング	航空機	▲8,300
マクドナルド	ハンバーガーチェーン	▲8,210
アッヴィ	バイオ医薬品	▲8,172
ヤム・ブランズ	ケンタッキーなどチェーン	▲8,016
スターバックス	コーヒーチェーン	▲6,759
トランスダイムグループ	航空宇宙関連部品	▲4,299
SBAコミュニケーションズ	通信関連	▲3,651
ザ・ホーム・デポ	住宅建材小売り	▲3,116
オートゾーン	自動車部品小売り	▲1,776
HP	コンピューター関連機器	▲1,634
ベリサイン	インターネットセキュリティー	▲1,490
エル・ブランズ	女性下着などファッション小売り	▲1,238
モトローラ・ソリューションズ	通信機器	▲683
ホスピタル・コーポレーション・オブ・アメリカ	病院	▲565
ヒルトン・ワールドワイドHD	ホテル	▲472
H&Rブロック	税務関連サービス	▲318
ウォーターズコーポレーション	分析機器	▲216
シールドエアー	包装資材	▲196
オートデスク	図面作成ソフトウェア	▲139
アメリカン航空グループ	航空	▲118
MSCI	金融サービス	▲76
マスコ・コーポレーション	住宅関連設備	▲56
ウエスタンユニオン	金融・通信	▲39

(注)▲はマイナス。S&P500のうち、2019年の決算期の債務超過の企業。HDはホールディングス　(出所)キャピタルIQのデータベースを基に東洋経済作成

なぜ債務超過に陥るまで株主還元を進めるのか。それは、株価上昇に連動して経営陣の報酬が上がる仕組みを取り入れているからだ。事実、1978年から18年までの間に、従業員の物価調整後の賃金は12%増にとどまる一方、CEOの報酬は10倍以上に増加した。

株価上昇は、アクティビストと利害が一致する。そのため企業はアクティビストと一体となって、自己株買いで株式を消却して1株当たり利益を増やしたり、配当を奮発したりしたわけだ。

こうしたことに対する反発が強まり、米国では株主至上主義に対する反省機運が高まっている。

世界最大の資産運用会社である米ブラックロックのラリー・フィンクCEOは、投資先に送付した書簡で、「企業が長期的に繁栄するためには、顧客や従業員、株主、地域社会といったすべてのステークホルダーに価値を生み出すことが求められる」と説き、話題を集めた。環境などに配慮する「ESG投資」が広がっているのも、その一環といえる。

ただ、「ステークホルダー主義」への本質的な転換とまではいい切れない。「うるさいアクティビストを排除するために従業員たちをだしにしているだけ」（大和総研の鈴木裕・政策調査部主任研究員）、「ＥＳＧに力を入れていると言ったほうが、今は株価が上がる。米国企業の本性が変わったわけではない」（三菱ＵＦＪリサーチ＆コンサルティングの細尾忠生・調査本部主任研究員）といった冷ややかな指摘もある。

このように考えてみると、企業と株主との関係は、容易に変わりそうにない。中でもアクティビストは、逆風が吹いている米国から、制度が整ってきた日本にシフトし始めている。ただ、それが一概に悪いとはいいがたい。彼らの提案によって財務のみならず事業の課題が解決し、優良企業に転じることもあるからだ。

本誌では、企業と株主とのあるべき関係を考えるために、〝牙むく株主〟の今をお伝えする。

（山田雄一郎、中村　稔）

黒船襲来でバトルが過熱

「新型コロナショックによる大混乱のさなか、株価が下がったところを狙い澄ましたように仕掛けてきた。アクティビストたちは、日本企業が割安になるのを虎視眈々と狙っていたんだよ」

２０２０年3月３０日、米バリューアクト・キャピタル（以下、バリューアクト）が国内化学メーカー・ＪＳＲの株式を１６５０万株超（発行済み株式数の６・２％）取得したことが明らかになった。直後、あるファンド関係者はそう解説した。

ＪＳＲは、タイヤ用合成ゴムや、フォトレジストなどの半導体・液晶パネル材料を主力とする中堅化学会社。とくに半導体・液晶材料は2割以上の利益率を誇るドル箱事業で、化学業界の中で高収益・好財務企業として知られる存在だ。

しかし、2月までおおむね2100円を超えていた株価は、新型コロナウイルス感染者数が増え始めた2月21日を境に坂道を転がるように下落し、3月16日には1533円をつけた。その後、少し値を戻したものの、2000円を切る水準で推移。その間、バリューアクトはJSR株を静かに買い集め、30日に大量保有報告書を提出し、表舞台に姿を現したのだ。

紳士的な言葉とは裏腹

「取締役会や経営陣との関係を構築しており、彼らが変革のかじ取りをする際に求められる株主でありたいと考え」「変革と成長戦略をサポートできることを待ち望んでいます」——。

バリューアクトは、株式取得を明らかにした文書の中でそのように述べ、友好的な姿勢を示している。だが、額面どおりに受け取る者はいない。なぜなら、運用資産が120億ドル、日本円にして約1兆3000億円に上り、世界でも五指に入る有名なアクティビストだからだ。

　プロクシーファイト（委任状争奪戦）を仕掛けるような手荒なまねはしないものの、投資先企業に役員を送り込み、社内から改革を迫るのがバリューアクトの常套手段だ。「紳士的に見えるが、取締役を送り込むことで社内の情報を握って改革を迫る。それだけに、劇場型のアクティビストより怖い存在だ」と金融関係者は指摘する。事実、日本でもオリンパスに投資し、最終的に取締役を送り込むことに成功している。

　そうした経緯から、今回のＪＳＲについても、「株価を上げるため、まずは役員を送り込んで、医療３Ｄソフトウェア会社や米創薬支援会社など、相次いで買収したノンコア企業の売却を迫るのではないか」との見方が浮上している。

　新型コロナの影響で株式市場が暴落した中、割安になった日本企業の株をチャンスとばかりに買うアクティビストファンド。それは何もバリューアクトに限った話ではない。「ほかのアクティビストも、続々と水面下で日本株を買いあさっているという話を聞いている」と複数の金融関係者は明かす。

　ここ数年、アクティビストたちは日本企業に狙いを定め、攻勢を強めてきた。

2019~20年の間に、アクティビストに狙われた主な日本企業を見ると、ソニーをはじめ、バンダイナムコホールディングス、東京ドーム、そしてソフトバンクグループなど、そうそうたる企業が並んでいる。

中でも、壮絶なバトルで話題をさらったのは、村上ファンド系のオフィスサポートと東芝機械（2020年4月に「芝浦機械」へ社名変更）の対決だ。

■ 株の売却や取締役の解任などが目立つ

—最近の主なアクティビストによる提案や要求—

ファンド名	対象企業	時期	主な内容
サード・ポイント	ソニー	2019年6月	半導体部門の分離、政策保有株の売却
RMBキャピタル	バンダイナムコHD	11月	創通へのTOB価格引き上げ
アセット・バリュー・インベスターズ	帝国繊維	11月	政策保有株の売却
アセット・バリュー・インベスターズ	TBSHD	11月	政策保有株の売却
オアシス・マネジメント	サンケン電気	11月	低収益事業の売却、専門性の高い社外取締役の選任
オアシス・マネジメント	東京ドーム	12月	非中核資産の処分、役員報酬・取締役会構成の見直し
レノ	レオパレス21	12月	全役員の解任、取締役3人選任を求め臨時株主総会招集
ストラテジックキャピタル	京阪神ビルディング	12月	取締役会の構成見直し、政策保有株や不動産の売却
オフィスサポート	東芝機械	20年1月	敵対的TOBの実施、臨時株主総会招集
オアシス・マネジメント	サン電子	1月	取締役4人解任と5人選任を求めた株主提案が可決
エリオット・マネジメント	ソフトバンクグループ	2月	自社株買いや社外取締役の増員
RMBキャピタル	三陽商会	2月	会社売却の提案、株主総会での株主提案を予定

（注）HDはホールディングスの略　（出所）アイ・アール ジャパンの資料を基に東洋経済作成

ネガティブキャンペーンの応酬

「残念ながらわれわれの提案は通らなかったが、東芝機械が企業価値の向上を目指すという目線になったことについては、満足している」。村上ファンドの福島啓修氏は、3月27日に東芝機械が開いた臨時株主総会に出席した後、このように述べた。この日、会社側が提案した買収防衛策の導入・発動案が62％の支持を得て可決され、村上ファンドは東芝機械へのTOB（株式公開買い付け）を取り下げることになった。

村上ファンドが1月21日、自社株買いや、グループ会社のTOBによって得た約100億円の売却益の活用などを求めてTOBを仕掛けて以来、両者はネガティブキャンペーンの応酬など、なりふり構わぬ戦いを繰り広げた。

一連の攻防の中で、東芝機械は新たな中期経営計画や社長交代、そして総額30億円の特別配当実施などを矢継ぎ早に発表。併せて、一度は廃止した買収防衛策の再導入と発動の是非を臨時株主総会で問うとした。

しかし、中身が買収者以外の株主に新株予約権を無償で割り当てる〝ポイズンピル〟

の中でもとくに毒性が強い設計となっていたため、村上ファンド側は猛反発。昨今、企業統治の観点から、買収防衛策の導入に否定的な考えが主流になっていたこともあり、東芝機械は苦しい立場に追い込まれた。

ところが、そんな東芝機械に神風が吹く。米国の議決権行使助言会社大手で、投資家に影響力があるＩＳＳ（Institutional Shareholder Services）が、会社側提案への賛成を推奨したのだ。

ＩＳＳは、村上ファンド側のＴＯＢに４４％という上限があり、否定的な見方が世界的に強い「部分買い付け型」だったこと、また半数近くを握ることになるにもかかわらず村上ファンド側が「経営権を取るつもりはない」と発言したことなどを理由に、あくまで今回のケースに限って買収防衛策導入に賛同。これで流れが変わり、結果的に東芝機械が勝利した。

とはいえ、東芝機械側も村上ファンド側の要望を一部受け入れたほか、目標としていた3分の2の賛成を得ることはできなかった。総会後、坂元繁友社長は、「強気なことを言っていたが、前日の夜まで（買収防衛策への支持率は）５０％ギリギリかなと思っていた。正直、勝てるとは最後まで思っていなかった」と苦しい戦いを振り返った。

キリンを狙った海外大物

日本では知名度が低かった海外の大物アクティビストも続々と上陸し、日本企業に猛攻勢をかけている。飲料大手のキリンホールディングスに狙いを定めたのは、英国系のアクティビストだった。

キリン株の2％を取得した英インディペンデント・フランチャイズ・パートナーズ（IFP）は、キリンが強化しているヘルスサイエンス事業からの撤退と、その売却資金を元手とした6000億円を上限とする自社株買いなどを求める株主提案を行った。

IFPの主張を要約すれば、「儲かっていない多角化をやめ、本業であるビールだけの会社になれ」というもの。対して、キリン側は「ビール一本では成長戦略が描けない。新たな事業の柱が必要だ」と強く反発。互いに記者会見を開いたり、ホームページ上で反論し合ったりするなど、バトルは過熱した。

　確かに、キリンが19年から進めている多角化戦略は順調とはいいがたい。約1300億円で子会社化した協和発酵バイオは、製造過程での違反が発覚して20年の事業利益は赤字予想だ。また、19年にほぼ同額で議決権の33％を取得したファンケルとのシナジーについても、事業利益への貢献は24年に約55億～70億円の見込みと金額が限られる。そのためIFPの主張にも一理あった。

　だが、金融関係者の間では、「IFPの真の思惑が見え隠れする」との声が根強い。というのもIFPは、バドワイザーなどを展開しビール市場の約3割を握る、世界的酒類メーカー、アンハイザー・ブッシュ・インベブ（以下、インベブ）にも投資している。そのため、「キリンから余計なものを切り離し、インベブと統合させるつもりなのではないか」（金融関係者）というのだ。

　その真偽は定かではないが、インベブは以前にもアサヒビールを買収しようとフィナンシャルアドバイザーの選定を進めていたといわれており、「どうしても日本市場に進出したいようで、IFPと一緒になって進めようとしたのではないか」と金融関係者の間でみられているのだ。

２０年3月２７日に開かれた株主総会で株主提案は否決されＩＦＰは敗れたが、「まだ株式を持っているし、これで諦めるとは思えない」（同）という見方がもっぱらだ。

日本市場で活動するアクティビスト数の推移を本拠地別に見ると、国内は村上ファンドが中心だが、ここ数年、欧米系のアクティビストが右肩上がりで増加している。

■ 日本で暴れ回るアクティビスト
―本拠地別アクティビストの活動状況―

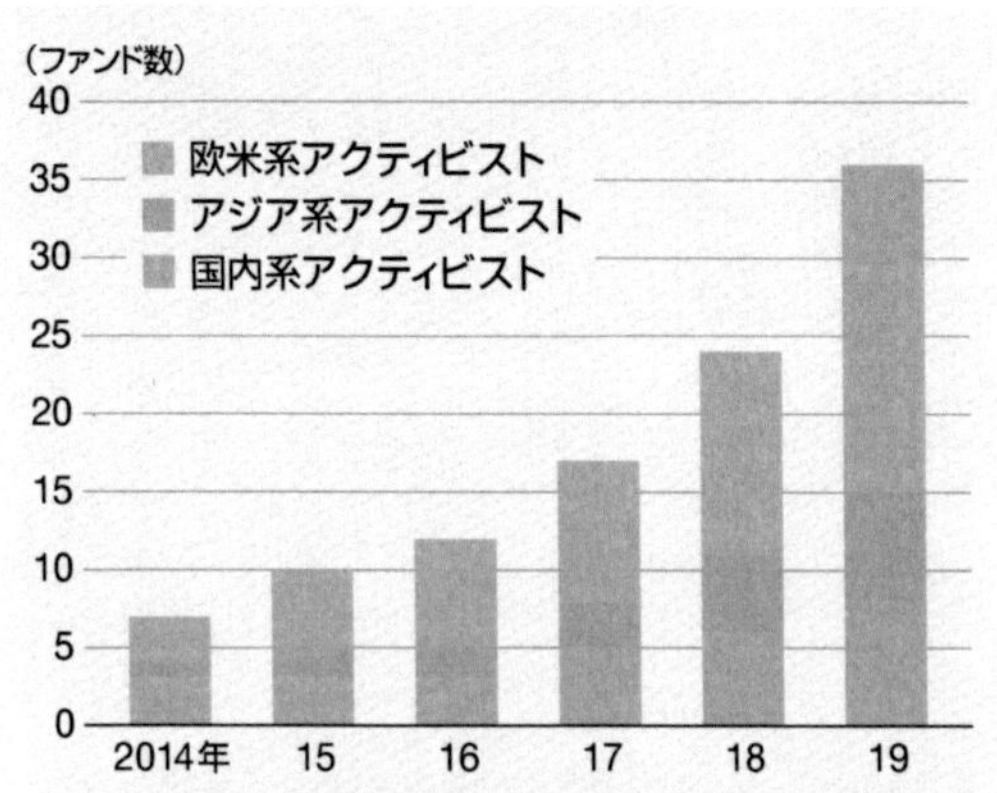

(注) ファンド数は、日本株投資が明らかになっており、株主提案の提出、または提出を公表するなど活動実績があるファンドをカウントしたもの。日本株投資からの撤退が明らかなものは除く
(出所) アイ・アール ジャパン

「これまで日本市場は〝ガラパゴス〟だった。それが、スチュワードシップ・コードやコーポレートガバナンス・コードが導入されるなど、ようやくグローバルスタンダードに近づき、アクティビストが活動しやすくなったことが大きい」（別の金融関係者）

アクティビストという〝黒船〟の襲来を受け、慌てふためく日本企業。だが、株主との付き合い方を真剣に考えなくてはならない時代に突入したといえる。

（田中理瑛、兵頭輝夏、田島靖久）

物言う株主の栄枯盛衰

「物言う株主」という言葉が広く使われるようになったのは２０００年以降だ。通商産業省（現 経済産業省）ＯＢの村上世彰氏が率いる、村上ファンドの登場がきっかけだった。

同ファンドによる日本初の敵対的ＴＯＢは失敗に終わったが、「株主の利益を尊重し、資本効率を高めるべきだ」といった正論を声高に唱え、プロクシーファイト（株主総会での委任状争奪戦）も辞さない村上氏に、日本の多くの経営者は震え上がった。

もっとも、それ以前から日本にも経営陣に敵対的な株主は存在していた。戦前では、「強盗慶太」と呼ばれた五島慶太氏（東急電鉄の事実上の創業者）らが有名だ。戦後も白木屋乗っ取り事件、１９８０年代後半の小糸製作所株買い占め事件などが起きている。

■挫折期を経て、アクティビストが興隆
―日本市場での物言う株主の歴史―

前史	戦後間もなく〜バブル崩壊	横井英樹氏による白木屋乗っ取りなど、大物個人投資家による株式買い占めが散発
		米投資家ブーン・ピケンズ氏による小糸製作所株買い占め
黎明期	2000年	村上ファンド登場、日本初の敵対的TOB（失敗）
	03年	米スティール・パートナーズも敵対的TOB（失敗）
挫折期	06年	インサイダー取引で村上世彰氏逮捕
	07年	ブルドックソースの買収防衛策（ポイズンピル）が最高裁で認められる
	08年	リーマンショックで多くのファンドに打撃
復活	14年	スチュワードシップ・コード制定、機関投資家の議決権行動に変化
	15年	コーポレートガバナンス・コード公表、持ち合い解消を加速
興隆期	〜現在〜	村上ファンド復活、米エリオット・マネジメントなど世界大手が日本へ攻勢

世界的なカネ余りが追い風

日本的経営が失墜

新たなミレニアムに入って、物言う株主が目立つようになったのはなぜか。まず、広く資金を集めて株式などで運用するファンドが投資家の主役になった。資金の出し手は高い運用パフォーマンスを求めるため、その圧力にさらされるファンドは、表舞台で株主の権利を主張し始めたのだ。

バブル崩壊から約10年、メインバンク制と従業員、経営者を重視した日本的経営の弱体化も背景にある。日本企業に勢いがあった1980年代は株価も上昇し、取り立てて株主を意識する必要はなかった。90年代に経済低迷が続いても、経営者の意識はなかなか変わらなかった。

しかし、日本企業の低迷が長引くのとは対照的に、株主至上主義を掲げる米国企業が躍進するようになる。日本でも株主の権利を重視すべきだという意識が高まっていった。

そうした時期に現れた村上ファンドや米スティール・パートナーズが勢いを増して

いった。だがその動きが止まった。２００６年、ライブドアによるニッポン放送株の大量取得に関連して、村上氏がインサイダー取引の容疑で逮捕されたからだ（後に有罪判決）。

翌０７年にはブルドックソースの買収防衛策（ポイズンピル）の無効を訴えたスティール・パートナーズが敗訴、企業価値を毀損する存在と認定されてしまった。さらにリーマンショックで金融機能がマヒし、物言う株主は勢いを失った。

風向きが変わったのは２０１４年。２月に「日本版スチュワードシップ・コード」が制定され、機関投資家は株主総会などで会社提案を追認するのではなく、株主価値の向上を第一に行動することを求められるようになった。同年には、伊藤邦雄・一橋大学教授（当時）を座長とする経産省プロジェクトの報告書「伊藤レポート」が発表された。同レポートは、企業が投資家との対話を通じて企業価値を高めていくことの重要性を強調し、ＲＯＥ８％という具体的な数値目標を提示した。

１５年には、金融庁と東京証券取引所が、上場会社の企業統治（コーポレートガバナンス）の原則・指針を定めた「コーポレートガバナンス・コード」を公表。株主の権利や平等性の確保などを求めたことで、持ち合い解消の動きを後押しした。
こうした投資環境の整備や世界的なカネ余りを背景に、海外大手アクティビストファンドが続々と日本に上陸してきた。足元では新型コロナウイルスによる混乱で株式相場が下落し、ファンドも大きな打撃を被っている。しかし、安くなった株を買いあさるチャンスでもあり、その存在感はむしろ増す可能性もある。

（山田雄大）

大企業を襲う強欲な手口

2019年6月、米ニューヨーク・マンハッタンのオフィス街に、仕立てのいいスーツを身にまとった日本人たちの姿があった。吉田憲一郎社長をはじめとするソニーの首脳・幹部たちだ。

訪れた先は、大型銘柄を次々とターゲットにするアクティビスト、サード・ポイントの事務所。「ソニーの株を15億ドル(約1600億円)分取得した。ついては、経営に関してのご提案を説明したい」との通告に対し、わざわざニューヨークまで出向いたのだ。

出迎えたのは、サード・ポイントを率いるダニエル・ローブ氏。「A Stronger Sony」と書かれた102ページにもわたる資料、通称「ホワイトペーパー」を広げ、分析結果を説明したうえで、「半導体事業を切り離し、〝ソニーテクノロジーズ〟として上場させるべきだ」と訴えた。

提案は、それだけにとどまらなかった。エンターテインメント事業に注力すべきだとして、金融子会社のソニーフィナンシャルホールディングスや、関連会社である医療情報サービスのエムスリー、そしてオリンパスや音楽配信のスポティファイ・テクノロジーといった保有株の売却も求めた。

サード・ポイントがソニーに要求を突きつけたのは、2013年に続き今回が2回目。13年当時はエンターテインメント事業の分離を求めたが、実現しなかった。その後、サード・ポイントは株を売却したものの、以降もずっとソニーを研究し続けてきたのだ。その証左が、今回示したホワイトペーパーだった。

対話型の交渉が中心に

アクティビストの姿勢を2000年代と2010年代とで比較してみた。かつてのアクティビストは、10%から過半程度まで株式を取得して敵対的TOBを仕掛けるなど、強圧的な「劇場型」が中心だった。

提案内容も財務関連の改善策のみ。遊休資産や保有株式の売却、さらには増配などの株主還元強化を提案し、短期での自身の利益を追求していた。保有株式を高値で買い取らせる、いわゆる「グリーンメーラー」のようなアクティビストも少なくなかった。

それが2010年代に入ると、がらりと変わる。取得する株式を5%以下に抑えながら、保有する議決権にレバレッジをかけることで、提案を通す動きが中心になった。そのため、ほかの株主も同意できるよう、「エンゲージメント」、つまり対話を重視し始めたのだ。

しかも、提案内容は事業的な課題にまで踏み込むようになった。社内にアナリストや投資銀行出身者などを抱え、先のサード・ポイントのように投資先企業について徹底的に分析し、「理詰め」でほかの株主にも訴えながら同意形成を図る――。これが今のアクティビストの典型的行動パターンだ。

■ **投資手法や交渉方法も様変わり** ―アクティビストの姿勢の変化―

	2000年代	2010年代
利益志向	短期での自己利益の最大化	中長期での株主利益の最大化
投資対象	財務的課題がある企業	財務的、事業的な課題がある企業
投資手法	10%〜過半程度の株を取得	株の取得は5%以下だが、議決権にレバレッジをかける
交渉方法	敵対的TOBなど劇場型で揺さぶり	エンゲージメントの姿勢。理詰めの主張を公開し揺さぶり
提案内容	財務課題解消のため特別配当や自社株買いなどを提案	財務課題解消に加え、事業売却など会社の運営にまで踏み込んで提案

（出所）取材を基に東洋経済作成

こうした変化は、資金の「出し手」が以前とは変わったことによって起きた。グローバルなカネ余りが進む中で、年金基金をはじめとする長期投資の資金が流入するようになり、中長期的な企業価値の向上に結び付く株主提案が求められるようになったことが大きい。

投資対象も大型化した。以前よりも莫大な運用資金が集まるようになったうえ、投資期間は長期化し、こまごまとした案件をいくつも手掛けていてはリターンが小さく非効率だからだ。よって、ソニーのような大企業がターゲットになるケースが増えている。

〝ハイボール〟で揺さぶり

アクティビストをめぐっては、新聞紙上でも「物言う株主と対立」「敵対的買収へ発展」といった見出しが躍る。しかし、最初からけんか腰で企業と対峙しているわけではない。

アクティビストが株主提案をするまでのプロセスをまとめると、

①株式を数%取得
　書簡の送付、面談の要請
②水面下での話し合い
　大量保有報告書、自主的な保有の開示
③株式保有を公表
④書簡、ネットなどでキャンペーン
⑤株主提案
　委任状争奪戦
⑥株主総会

こうした過程で、株式を取得した後、対象企業に書簡を送ったり面談を要請したりして約束を取り付け、水面下で交渉に入る。いわゆるエンゲージメントだ。冒頭で紹介したサード・ポイントとソニーの話し合いがまさにこれだ。

実は、この期間が意外に長い。東芝機械と村上ファンドのケースでも、最初にアプローチがあったのは2018年11月で、対立が表面化するまで2年近くやり取りしていたのだ。

ファンド関係者によれば、「通常は株を取得してから2年程度、長いと3年はエンゲージメントにかけている」という。こうした過程で企業側が提案を受け入れたり、互いに妥協したりすれば表沙汰にはならない。つまり、バトルが表面化するのは協議が決裂したケースで、その割合は「全体の2~3割程度」とファンド関係者は語る。

とはいえ、話し合いは決して穏やかなものではない。先のサード・ポイントは、メディアなどを使って企業に揺さぶりをかける〝過激派〟として有名だ。

彼らの常套手段は「ハイボールテクニック」。まず、高い球(要求)を投げて、相手の譲歩を引き出すというもの。13年には収益の柱であるエンターテインメント事業を、そして19年は半導体事業をスピンオフさせろというハイボールを投げた。

だが、サード・ポイントの真の狙いは、そうした提案を見せ球に、株価を上げる材料を引き出すこと。実際、前回はパソコン事業からの撤退やテレビの分社化、そして今回もオリンパス株の売却を引き出し、株価上昇で果実を得た。

確かに、企業に対する提案内容は多様化している。キャッシュリッチの企業に配当の増額を迫ったり、再編を求めたり。だが、アクティビストの多くはファンドである。株価を引き上げ、売り抜けてリターンを得ることがなりわいだ。それだけに、今後も強欲に日本企業を襲い続けるだろう。

（田島靖久）

■ 多様化する要求
—アクティビストの手口と主な案件—

キャッシュリッチ追及型

キャッシュリッチ企業に狙いを定め、資本効率の改善などによる配当の増額を要求

主な案件

オアシス・マネジメント、村上ファンドなど

業界再編型

プレーヤーが多い業界に狙いを定め、再編による企業価値の向上を迫る

主な案件

村上ファンド vs. 半導体商社など

ノンコア売却型

事業を多角化している企業に狙いを定め、ノンコアビジネスの売却による企業価値の向上を要求

主な案件

サード・ポイント vs. ソニー、セブン&アイ・ホールディングスなど

経営介入型

取締役を経営陣に送り込み、直接経営に乗り出して企業価値の向上を要求

主な案件

バリューアクト vs. オリンパスなど

(出所)取材を基に東洋経済作成

圧力テコに経営改善を断行　ＪＲ九州とオリンパス

アクティビストに狙われた会社はその後どうなったか。まずは最近の事例を見ていこう。

九州を営業基盤とするＪＲ九州は、本業の鉄道事業が人口減や少子高齢化で大きな成長は期待できないものの、不動産やホテルといった事業を積極的に拡大して収益力を高め、２０１６年１０月に株式上場にこぎ着けた。それから2年後の１８年１２月。米アクティビストファンド、ファーツリー・パートナーズが突如、ＪＲ九州の大株主に躍り出た。同社上場後、こつこつと株式を買い集めていたのだ。

山手線など首都圏を基盤とするＪＲ東日本、ドル箱の東海道新幹線を抱えるＪＲ東海のほうが会社の規模や収益力ではＪＲ九州を上回る。ファーツリーはなぜＪＲ九州に狙いを定めたのか。その理由は経営改善による株価上昇余地が大きいと踏んだから。5～10年程度株式を保有して、その間に株価を2倍以上高めることが目標だ。

株主提案で実を取った？

「収益性の高い不動産事業の存在にもかかわらず、株価は低評価に甘んじている」として、ファーツリーは2019年6月の株主総会で、①自社株買い、②指名委員会等設置会社への移行、③不動産やIR（投資家向け広報）の専門知識を持つ3人の社外取締役の選任、④役員への株式報酬制度導入などを骨子とする株主提案を行った。

JR九州は総会前にこれらの提案のすべてに反対の姿勢を示したが、同時にファーツリーの提案とはやや違う株式報酬制度の導入や、ファーツリーが提案した人物とは異なる、不動産やIRの専門家を社外取締役として総会に提案した。JR九州のIR担当者は、「ファーツリーの提案を受けて代案を用意したわけではない」と言い切ったが、ファーツリーの提案も参考にしたようにみえた。

総会の直前、米国の議決権行使助言会社2社が株主提案に賛成を推奨し、決議の行方は流動的に。結局、株主総会でファーツリーの提案はすべて否決ないし不成立となったものの、各提案に2～4割の賛成票が投じられた。議案によっては薄氷の会社側勝利だった。

ＪＲ九州の青柳俊彦社長は総会後の会見で、「自社株買いの提案は、ほかの株主提案よりも会場の拍手の音が大きかった」と、自社株買いに対する株主の支持の高さを感じたと語った。その後、ＪＲ九州は２０年1月までに約１００億円の自社株買いを実施した。

こうみると、ファーツリーは株主提案に敗れはしたが、ＪＲ九州の経営はファーツリーの狙いどおりの方向に進んでいる。実際、今のところファーツリーから新たに目立った要望は出ていないという。

しかし油断は禁物だ。ＪＲ九州の鉄道事業は赤字の地方路線を多数抱えており、その立て直しが急務となっている。ファーツリーは「鉄道事業については経営陣の判断を支持する。鉄道路線網に手をつけなくても不動産事業の成長力や資本構成の改善で株主価値を拡大できる」として、鉄道事業への口出しは控えている。

ただ、現在のJR九州の株価は低迷が続いている。株価引き上げのためにファーツリーから赤字路線の廃止といった鉄道事業の収益改善に向けた提案が今後も出てこないという保証はどこにもない。

物言う株主と二人三脚

「物言う株主」と二人三脚することを選んだのがオリンパスだ。同社は、2019年6月の株主総会で、米アクティビストファンドのバリューアクト・キャピタル・マネジメントのデイビッド・ロバート・ヘイル氏ら同ファンド関係者2人を、社外取締役として受け入れることを決めた。バリューアクトは18年5月から同社の約5％の株を保有する大株主だ。日本の大企業がアクティビストを取締役会に受け入れるのは異例のことだ。

オリンパスは2011年に歴代経営陣が隠してきた粉飾決算が発覚。18年には、中国子会社の不正疑惑を内部告発した社員の配置転換に関連して、同社員が損害賠償を請求。同年に欧米で内視鏡による院内感染の報告不備が生じるなど不祥事が相次いだ。

バリューアクトに対しては、19年4月にオリンパスの社長に就任した竹内康雄氏自らが、CFO（最高財務責任者）を務めていた時代から対話を行ってきた。その中で、「コーポレートガバナンスを高めるためには取締役会の多様性が重要」（竹内社長）とバリューアクトの関係者を迎え入れることを決めた。

もちろん、ガバナンスの改善だけが目的ではない。

オリンパスは「グローバル・メドテックカンパニー」として海外の医療機器メーカーと伍していける体制づくりを進めている。柱の医療事業は5事業部門体制から、内視鏡と治療機器の2事業部門体制に再編。コスト削減も進め、営業利益率を、20年3月期の約13％（見込み）から同業種平均程度の20％以上へ、23年3月期までに向上させることを目指す。

ヘイル氏は15年からカナダの医薬品会社ボシュ・ヘルスのディレクターを務める。株主の視点だけではなく、ヘルスケアやグローバル企業の経営に関するヘイル氏の知見や分析力に期待をかけた。「猫の手も借りたい」（竹内社長）状況下、事業に詳しいヘイル氏の存在は渡りに船だった面もある。

19年11月に経営戦略を発表した際、竹内社長は、「（ヘイル氏らが入ったことによって）取締役会としてもガバナンスが効いているとはどういう状態なのかを体感している」と効果を説明した。

会社の経営戦略についても「グローバルスタンダードでみると、日本企業のやり方はスピード感やガバナンスの面で違和感のある点もあり、耳の痛い指摘もあった。だが、彼らはあくまで長期的な視点で会社がよくなることを考えており、日本人がイメージするアクティビストとは全然違う」（竹内社長）と、バリューアクトと協調路線にあることを強調する。

カメラ市場縮小の影響を受け赤字が続く映像事業の継続も今後議論になりうるが、今のところ「物言う株主」の助言を取り入れていく姿勢のオリンパス。バリューアクトがオリンパスからイグジット（退出）するまでに急ピッチで体制強化を進める。

（大坂直樹、田中理瑛）

村上ファンドが残した爪痕

「物言う株主」に狙われた会社はその後どうなっているのか。ここでは主に和製アクティビスト、村上世彰氏に狙われた会社の「その後」を見ていこう（社名や肩書は当時）。

大手アパレルメーカーの東京スタイルは国内初の本格的なプロクシーファイト（委任状獲得競争）を村上氏と繰り広げた。２００２年のことである。

村上氏は当時、「ファッションビルを建築するくらいなら株主に還元せよ」と主張。だが、東京スタイルの中興の祖・高野義雄社長は頑として村上氏の主張を聞き入れず、高配当や自社株買いを迫る株主提案を２００２年、０３年と2度にわたってはねつけた。

その後、東京スタイルはどうなったか。2009年夏、社長就任から31年目に突入していた高野氏が急死した。75歳だった。急きょ、その後任となった中島芳樹社長は11年央に同業大手のサンエー・インターナショナルとの経営統合を選択。持ち株会社・TSIホールディングスが発足し、中島社長が持ち株会社の社長を兼務した。

だがそのわずか9カ月後、東京スタイルの業績不振を理由に、中島氏は両社の社長職を追われた。19年には東京スタイルの百貨店向けやEC向けのブランドをサンエーに全譲渡し、東京スタイルは事実上の休眠会社になった。

村上氏はニッポン放送株のインサイダー取引で11年6月に有罪が確定。3年間の執行猶予期間が明けて間もない15年、エレクトロニクス商社の黒田電気を復帰第1戦の相手に選んだ。村上氏は「プレーヤーが多すぎる。業界再編が必要だ」と主張。「M&A（企業の合併・買収）戦略を進めるため」として、村上氏本人ら4人の社外取締役選任を提案した。

この提案は臨時株主総会で退けられたが、17年に村上氏側は1人の社外取締役を送り込むことに成功した。その直後、アジア系ファンドのMBKパートナーズがTO

Bを実施。これが成立して、黒田電気は18年に非上場会社になった。MBKパートナーズは黒田電気から海外子会社を切り離し、同社を国内ビジネスに特化させる。

同じく電子部品のエクセルは村上氏側が4割まで株式を買い進めた後、金銭対価の株式交換でいったん完全子会社化した。事業用資産以外を村上氏側に現物配当した後、エクセルは同業大手の加賀電子と20年4月に経営統合した。

昭栄は村上氏がアクティビストとしてのデビュー戦の相手に選んだ芙蓉系の不動産会社だ。PBR(株価純資産倍率)が0・5倍を下回るなど資産効率が悪い一方、現金を豊富に保有していたため、村上氏に狙われた。

村上ファンドは2000年に昭栄株の公開買い付けを実施した。昭栄が反対したことから、日本勢同士で初の敵対的TOBとなった。株式を持ち合う富士銀行など芙蓉系各社は当時、村上氏に一定の共感や理解を示したが、実際には応募せず、TOBは成立しなかった。

その昭栄は12年に同じく芙蓉系の不動産会社・旧ヒューリックを吸収したうえで、社名を「ヒューリック」に変更した。19年12月期の連結純益は588億円と過去最高益を連続で更新するなど足元の業績は好調で、資産効率も劇的に改善している。

持ち合い株主の厚い壁

村上氏がＴＯＢに失敗して以降、旧昭栄（現・ヒューリック）はアクティビストに狙われたことがない。が、現在では旧昭栄と株を持ち合う帝国繊維がアクティビストに狙われるようになった。帝国繊維は消防ホースの国内最大手。その同社に英アセット・バリュー・インベスターズ（ＡＶＩ）が株主提案をした。２０２０年１月のことだ。

帝国繊維は１９年末時点で１７５万株、２３０億円分のヒューリック株を保有している。ＡＶＩのジョー・バウエルンフロイントＣＥＯは２０年１月に会見を開き、「ヒューリック株への投資は正当化できない。ＲＯＥを高めてほしい」と主張。ヒューリック株を売却し、純利益の５割を株主還元に回すように要求した。

ＡＶＩは株主提案もしたが、３月２７日の総会で賛成率は２割台前半にとどまった。

持ち合い株主が株主提案に反対したからとみられる。帝国繊維の大株主には、芙蓉系の損保、銀行、生保が並ぶ。
帝国繊維をめぐっては、投資会社のスパークス・アセット・マネジメントも19年、18年と10割配当を株主提案し、否決された経緯がある。スパークス幹部は、「芙蓉系の持ち合い株主が賛成しない限り、株主提案はまず通らない」とため息を漏らす。それでもAVIは「帝国繊維との会話を継続する所存」との声明を4月1日に発表した。

（山田雄一郎）

アクティビストの主な投資先

海外著名アクティビスト

要求年	狙われた会社	その後
①エリオット・マネジメント	米ツイッターCEOを退任に追い込んだ豪腕ファンド	
2017	日立国際電気	KKRがTOB、上場廃止
2018	アルパイン	19年、アルプス電気と経営統合
2020	ソフトバンクグループ(SBG)	2兆円自己株買い、4.5兆円資産売却・資金化実施へ
②サード・ポイント	ソニーに固執。SBG、IHI、スズキにも投資	
2013	ソニー	半導体絶好調でも20年半導体分離の再提案受ける
2015	ファナック	配当増、自社株消却、株主との対話路線に転換
2016	セブン&アイ・HD	鈴木敏文氏退任、不振店閉鎖、ECサイト減損、スマホ決済撤退
③カール・アイカーン氏	米アップルに株主提案するなど米国が主戦場	
2018	富士フイルムHD	21年3月に米ゼロックスとの提携解消へ
④バリューアクト・キャピタル	マイクロソフトなど主に米大手企業に投資。穏健派	
2019	オリンパス	ロバート・ヘイル氏が社外取締役に就任
⑤スティール・パートナーズ	東京高裁による「濫用的買収者」の烙印が痛手に	
2006	明星食品	ホワイトナイトの日清食品HD傘下に
2007	ブルドックソース	買収防衛策を導入・実施。サンフーズを19年子会社化
2009	アデランス	インテグラルと経営者がMBO実施、17年上場廃止
⑥オアシス・マネジメント・カンパニー	香港系。アルパイン、安藤ハザマ、三陽商会にも投資	
2016	パナホーム(現・パナソニック ホームズ)	パナソニックとトヨタ自動車のスマートシティー合弁傘下に
2018	出光興産	19年、昭和シェル石油と経営統合
2019	ジャパンディスプレイ(JDI)	いちごAMから504億円調達し債務超過解消するも五里霧中
2020	サン電子	経営陣刷新の株主提案受け臨時株主総会開催(4月8日)
2020	前田建設工業 前田道路	前田建設が前田道路を子会社化

要求年	狙われた会社	その後
①村上ファンド（M&Aコンサルティング、エム・エイ・シーなど）		
2000	昭栄 デビュー戦	12年、吸収合併でヒューリックに
2002	東京スタイル	11年、サンエー・インターナショナルと経営統合
2005	阪神電気鉄道	06年、阪急HDと経営統合
2005	東京放送（現・TBSHD）	19年、米ホワイトボックス・アドバイザーズが持ち合い解消を要求
2005	大阪証券取引所	13年、東京証券取引所と経営統合
②村上世彰氏の個人資産運用会社（オフィスサポート、レノ、南青山不動産、C&I HDなど）		
2015	黒田電気 復帰戦	MBKパートナーズがTOBし上場廃止
2019	エクセル	加賀電子と経営統合
2019	廣済堂	斎場運営の東京博善を完全子会社化
2019	レオパレス21	光通信系ファンドも株買い増し
2019	東芝機械（現・芝浦機械）	20年3月の臨時総会で村上系限定の一時的な買収防衛策導入
③エフィッシモキャピタルマネージメント 元村上ファンド幹部が運営。村上氏とは没交渉		
2008	学習研究社（現・学研HD）	医療福祉サービスが事業柱に
2015	ヤマダ電機	スマートハウス事業育成中。不振の大塚家具を子会社化
2016	川崎汽船	業績低迷続く。19年、エフィッシモから役員受け入れ
2017	東芝	車谷暢昭社長に権限集中し再起期す
2017	リコー	海外減損・現地法人処理が一巡

（注）社名は当時。「要求年」は対象会社に何らかの要求をしたり会社提案に反対したり筆頭株主になったりした最初の年。HDはホールディングス、AMはアセットマネジメント （出所）「会社四季報」、各社リリースを基に本誌作成

直伝！〝最強防衛策〟

「御社の株を取得しました。ついては、社長との面談をよろしくお願いします」

２０１９年、ある上場企業は、著名なアクティビストからこんな申し出を受けた。大量所有報告書は出ておらず、何の前触れもなかったため企業側は震え上がった。

一度は会う約束をしたものの、不安になって旧知の金融関係者に問い合わせたところ、「何の準備もしていないのに会うのはやめろ！　丸め込まれるぞ」とアドバイスを受け、急きょ、面談を取りやめたという。

日本企業に狙いを定めるアクティビストたちが、いつ、どの企業に攻勢をかけてもおかしくない状況だ。そこで、これまでアクティビストと対峙してきた金融関係者たちの体験を基に〝処方箋〟をお伝えしよう。

内外のアクティビストと対峙してきた金融関係者はこう話す。

「村上世彰さんのようなアクティビストは、株を取得するとすぐに『社長に会わせろ』とやってくる。そんなときに重要なのは、気後れしないこと。特別扱いせず、『ＩＲ（投資家向け広報）部門で対応させていただきます』とだけ返せばいい」

アクティビストといえども株主の一人。ほかの株主と同様、ＩＲ部門が最初の対応をするべきだという。そのうえで「ＩＲで止めて時間を稼ぎ、その間に相手の狙いや戦略を分析し対策を練るべきだ」とアドバイスする。

とはいえ、経営に関与する意思のないグリーンメーラーのようなアクティビストでも、相手が大株主となれば、そうもいかない。

要求は聞き流せばいい

これに対し、企業のＭ＆Ａ（合併・買収）に詳しい早稲田大学大学院客員教授の服部暢達氏は「１年に１回だけ会い、相手の顔をじっと見て話を聴く」ことが必要だと言う。

ただ、相手の言い分を真に受けてはいけない。「話は右耳から左耳へと流し、最後に立ち上がって『たいへん参考になりました』と頭を下げてお礼を言えばそれでいい」（服部氏）。

「グリーンメーラーのようなアクティビストの狙いは経営者に嫌われること。『こいつが出ていってくれるのなら、どんな要求でものんで楽になりたい』と思わせることができたら彼らにとって成功だ」（同）

にもかかわらず、日本の経営者は真剣に受け止めすぎるという。「日本の経営者はまじめすぎる。必要なのは馬耳東風という心構えだ」（同）。

では、相手が株主提案など敵対的な行動に移った際には、どのように対応すればいいのか。

有事対応の第一人者で、村上氏の「天敵」と呼ばれる西村あさひ法律事務所の太田洋弁護士は、「場合によっては買収防衛策を発動すべし」と断言する。

買収防衛策はアクティビストから「経営者の保身」と非難されることが多いが、太田氏は「買収防衛策にはよい防衛策と悪い防衛策がある」と語る。

よい防衛策とは企業の中長期的な成長の可能性を損なうような要求、例えば債務超過に陥るような株主還元を求めてきた際に発動するもの。一方、悪い防衛策とは、己の保身のためだけに発動するものだという。

つまり、企業の中長期な成長を妨げるような要求であれば、毅然とした態度で買収防衛策を発動せよとの主張だ。

批判にさらされやすい内部留保も、「明らかに有効に使っていない資金があれば、株主に還元するのも1つの選択肢」としつつ、ひたすら「内部留保は株主に還元せよ」と繰り返すようなアクティビストの要求は突っぱねるべきだと言う。

「社員の給料を引き上げたり、研究開発や設備投資に回したりするかは、企業自身がその時々の経営状況に鑑みて判断すべきこと。やみくもに株主還元だけを求めるのはバランスを失している」というわけだ。

増配や自社株買いの要求に対しても、太田氏は容赦ない。

「自社株買いは一時的には株価上昇の効果があるが、長期では元の株価に戻る傾向が強い」。だから慎重に実施すべきだという。

経営者は難しい判断を迫られるが、アクティビストの主張をのむべきか突っぱねるべきかを見極める際の判断基準は、「そこに中長期的な視点があるかどうか」。これが、太田氏が過去の経験から培った企業防衛論の肝だ。

ＩＲとＳＲの両輪で

「ＩＲが下手な企業はアクティビストに狙われやすい。かといってＩＲだけでは不十分。車の両輪のように、併せてＳＲをしっかりとやることが重要だ」

アイ・アール　ジャパンの寺下史郎社長は、このように指摘する。

ＩＲは一部の投資家向けの広報になりやすい。一方のＳＲ（Shareholder Relations）とは、広く株主との信頼関係を築くことを意味する。その究極の目的はＴＳＲ（Total Shareholder Return）、すなわち株主総利回りの向上を実現することだ。

株主総利回りを向上させれば、株主は文句を言わなくなり、株主総会を乗り切ることもできる。そのため、「株主総会の成否は、まさにSRの巧拙にかかっている」と寺下氏は力説する。

「IRは、企業の体質を長期的に改善させる『漢方薬』のようなもの。漢方薬を継続的に服用しつつ、株主との信頼関係を強める効果を持つ『西洋薬』としてSRを充実させることが肝要だ」（寺下氏）

株主からの攻勢に弱い日本企業。だが、こうした対策を日頃から意識しておけば、もしものときに慌てずに済むといえる。

（野中大樹）

株主の利益追求、悪いことですか？

創発プラットフォーム 代表理事・安延 申（肯定論者）
評論家・中野剛志（否定論者）

「企業価値向上」の大義名分の下、企業に襲いかかるアクティビストたち――。狙いは、安値で買った株式を高値で売ることで得られる差額「転売益」だ。しかし、そもそも株式で利益を得ようとすることに課題はないか。アクティビスト肯定・否定の立場から安延申氏と中野剛志氏が激論を交わした。

――アクティビストのようなファンドが注目を集める事例が増えています。彼らをどう評価しますか。

【中野】アクティビストに限らず、企業の価値を高める改革というとき、それは誰の価値なのか。株主への配当を増やす改革がイノベーションを促進し、従業員の給料を上げたというのであれば文句はない。けれども、1997年度から2018年度までの日本企業（資本金10億円以上）の給与、配当金、設備投資等の推移を見ると、給与は4％減、設備投資は2％減。一方で、経常利益は3・2倍、配当金は6・2倍だ。国民に占める割合は、給与を受け取る従業員より配当を受け取る株主のほうがはるかに少ない。これこそが格差拡大の原因。日本は短期的な株主利益を優先するようになってしまった。

【安延】経済学は市場における自由競争が最適解を生むとは言っているけど、分配については何も言っていないよね。利益の配分を決めているのは、あくまで経営者。アクティビストもそこまで言っていない。短期的な利益を追求することがないように、ファンドの運用期間は長期のものが増えている。ファンドは必ずしも短期利益だけを追求しているわけではない。

【中野】でも10年間（株式を）持ち続けたとしても、狙いが毎四半期の利益を最大化せよということであれば、結局は同じでしょ？

そもそも株主が経営者の話を聞いただけで、その会社が10年後にイノベーションを起こすような投資をしているかどうかを判断するのは極めて難しいわけです。

では、プロ経営者に任せたらイノベーションができるかというと、これも難しい。結局、イノベーションのためには掛け金を分散するしかない。一見すると非効率な投資にもみえるが、経営者は現場に任せて黙ってやらせるしかない。そういう世界だから、株主はなおさら黙っていろという話です。

【安延】それは違うと思うな。かつて僕は村上君（村上世彰氏）のファンドの推薦で、黒田電気の社外取締役を務めさせてもらった。あの会社は、ものすごい量の現金と純資産を貯め込んでいた。投資をする、イノベーションを進めていく、と説明していたものの、ほとんど何もやっていなかった。これでいいのかというと、さすがに違うでしょう。なので、僕はあまりアクティビスト一般がよいとか悪いとかというふうに、くくらない方がいいと思っています。

【中野】日本の企業は確かに現預金を貯め込みすぎていて、積極的な設備投資をしていない。だけど、経営者が愚かだからそうなっているかというと一考の余地がある。物価が下がっていて、裏を返せば貨幣価値が上がっている状況で現預金を貯めるのは当たり前。内部留保を積み上げていくことはデフレ時の経営合理的な判断です。

【安延】いや、そうではないでしょう。企業が貯め込んでいる金は誰のものか。株式市場を通じて投資家から集めた金です。だったら「その金を俺に戻せ。俺が貯めておくから」という主張も、金を出している株主からすると成り立つ。

【中野】配当を得た株主はそれを労働者に分配するわけでも、イノベーションに使うわけでもない。結局、別の投資に回しますよね。それによって金融市場が膨れ上がっていく。その結果、起きたのがリーマンショックですよ。

それに、金融市場が活性化すると株価や為替が不安定になる。企業は株主の圧力がなくても短期的にしか物が見られなくなる。この点もまずいですね。

――1990年代以降、日本は欧米に追随して資本市場を自由化してきました。これをどう評価しますか。

【中野】企業はイノベーションに最大限の投資を行うべきだ。しかし、それをやりにくくする仕組みが、株式市場や金融市場を活性化させましょうという議論に埋め込まれている。それが大問題です。

【安延】確かにそうした点はある。最近はナノセカンドの単位で取引されるので、金の動きのほうが物の調整速度よりはるかに速い。だから情報が入ったら、それが瞬時に外為市場や金融市場を動かしてしまって、物の調整がそこで混乱させられる。

【中野】2001年に自社株買いを解禁した。そうしたらみんな自社株買いをやって研究開発や給与に（お金が）いかなくなっちゃった。それはデータで明らかなことです。日本だけではなく米国もヨーロッパも1980年代の自由化以降は格差が拡大し、成長率も鈍化している。

株式とTシャツは同じ？

【安延】確かに金融市場が肥大化すると、中野さんが言うような弊害が起きやすい。ただ、それはアクティビストの問題というより、金融市場の本質的な問題でしょうね。村上君の裁判のときに「安く仕入れて高く売る」彼のひたすら利益を追求する姿勢について、裁判官が「慄然（りつぜん）とする」と言ったらしい。そんなあほな話あるかっていうのが彼の基本なんです。だったら市場経済なんか「なし」って言えと。

【中野】安く買って高く売ることが必ずしも正しいことですか？　それは乱暴でしょう。政府は今（新型コロナで）マスクの転売を規制していますよね。取り扱っている対象によっては市場の自由に任せてはいけない。

私は、企業が発行する株式は取引を規制されるべき対象に該当するのではないかと考えています。企業とは、そこから支払われる給与で生計を立てている多くの人間が所属している入れ物です。人間が入っている入れ物である企業と、そこらのTシャツの売買とは違いますよ。もうちょっと慎重に扱ってもらわないと困る。

端的に言って、ストックオプションや自社株買いを解禁したのは間違いだった。これらが規制されていた時代だって、株式市場は存在していて、十分に資本主義だったわけです。

【安延】それは違うと思う。今の制度でも、例えばグーグルのように種類株を使うなどして外部からの介入を防ぐ方法はある。そうではなく普通株を公開している以上は安く買って高く売りたい人に買われることも覚悟して経営しなきゃダメです。

（構成・梅垣勇人）

安延　申（やすのべ・しん）

1956年生まれ。78年東京大学経済学部卒業後、通商産業省（当時）入省。2000年に通産省退職、ヤス・クリエイト創設、同社代表取締役。17年に村上世彰氏の推薦で黒田電気社外取締役就任。19年から現職。

中野剛志（なかの・たけし）

1971年生まれ。96年東京大学教養学部卒業後、通商産業省（当時）入省。2005年、英エディンバラ大学大学院博士号取得。近著に『富国と強兵』（小社刊）、『日本の没落』（幻冬舎）など。

ハゲタカか、それとも救世主か

アクティビスト「害悪論」に大反論！

激しいアクティビズムの結果、投資先企業の自己資本が目減りし、土台が揺らいでしまったら元も子もないのではないか。

そんな疑問に対し、旧村上ファンドから独立、東レや蝶理に投資し、自社株買いなどを求めているストラテジックキャピタル代表取締役の丸木強氏は、「潰れると言い訳する経営者が多いが、そんなことはどうでもいい。われわれは株主として、配当と株価がどうしたら上がるのかだけを考えている」と断言する。

村上ファンド系の投資会社・レノ代表取締役の福島啓修氏も、「配当を求めることが悪のように言われるが、ご自身で実際に投資をして株主になってみてください、という話だ」と世間のアクティビスト批判に異議を唱える。

「経営者の方々は年に1回の株主総会で『株主の皆様、いつもありがとうございます』と平身低頭してお辞儀をする。あれは本心なのか」

そもそも、リスクを取っている株主を何だと思っているのか、という憤りが福島氏にはある。

「経営者の中には、いまだに調達した資本を『タダ』だと認識していたり、配当はコストだと考えていたりする人がいる。最近は減ってきたが『借り入れしたら金利が発生するから、なるべく資本を使ってやろう』と発言する経営者までいるから驚きだ。株主がリスクを取って出資したお金であるという事実が軽んじられている」

同じいら立ちを丸木氏も抱える。

「株式会社の目的は株主利益の最大化。経営者はそのために働かなくてはならない。こんな当たり前の話をすると『何でおまえらのために働かなきゃいけないんだ』と怒り出す経営者がいる。取締役は株主によって選任されるというのがコーポレートガバナンスの基本なのに。会話が成立せず、日本語が通じないのかと思う」

現金積み上げは悪

とはいえ、新型コロナウイルスショックのような予期せぬ事態が発生したときに備え、会社は一定の自己資本を積み上げておくことも必要なのではないか――。

こうした意見にも、丸木氏は強く反論する。

「有事に備えてキャッシュを積み上げておこうとするのが日本企業の最も悪いところ。自己資本を積み上げれば積み上げるほどROE（自己資本利益率）は下がり、資本効率は悪化する」

そう指摘したうえで、「プロの経営者であれば、この先に何が起こるかを見越し、今すぐにでも必要な投資をするべきだ。地震が心配なら耐震工事を、工場の地盤が緩ければ移転させる。こうした判断をするのがプロの経営者のはず。何が起こるかわからないから貯金をしておくというのであれば、それは素人でもできる」と語る。

買収防衛策を発動しようとする経営者についても、丸木氏は手厳しい。

「企業を防衛するなら『企業価値を上げる』という方法でやるべきだ。そのうえで、

『あの人たち(アクティビスト)より自分たちのほうが確実に企業価値を上げられます』と株主に説明して、それで信任してもらえばいい話だ。そう言えるだけの自信がないから、買収防衛策を発動するのではないか」

ポイズンピルのような買収防衛策については、レノの福島氏も強い調子で批判する。

「一部の株主以外に新株を割り当てて株式全体の価値を強引に希薄化させるなんて、やられたほうからしたら、たまったものではない。そんなのありかと思う」

しかも、「買収防衛策を導入した会社の株価にはキャップがはめられてしまう。『自分たちの会社の株価は、これ以上は上げません』と宣言するようなものだ」。

そもそもアクティビストは、株価が市場で適正に評価されている企業は狙わない。狙うのは株価が不当に低い企業、すなわち「割安株」だ。

香港の「物言う株主」として知られるオアシス・マネジメントのCIO、セス・フィッシャー氏は、近年日本で投資活動を活発化させているのは「日本には株価が割安に評価されている企業が多いから」だと言う。

ハゲタカではない

「割安には2つの意味がある。1つは今ある実力、アセットに対して株価が割安に抑えられているという意味。もう1つは事業のポートフォリオを見直したり、適切な投資をしたりすれば、株価が上がるとみられる、ポテンシャルに対する割安。こうした企業の価値を向上させることに投資のチャンスを感じている」

フィッシャー氏は、「短期利益だけを追求する」と言われたり、「アクティビスト」と呼ばれたりすることに反論する。

「われわれは第一義的にファンドだから、背後にいる投資家のために中長期的なリターンを出す必要がある」

そのうえで、「リターンを実現するためには、投資先企業に中長期的に成長してもらわないといけない。だから時間をかけて企業側と対話をし、時に提案をし、事業が改善するようつねに働きかけている。労をいとわない『働く株主』だ。アクティビストではなく、エンゲージメント株主だ」。

日本で、18年間にわたって投資活動をしてきたフィッシャー氏の主張だ。

しかし、企業経営者には、「アクティビストはいつも短期でしか見ていない」という批判が根強い。丸木氏も、「自分たちは中長期的な成長を考えている。君たちとは違う」と主張する経営者と何度も対峙してきた。

そのたびに丸木氏はこう言った。「中長期的な利益って、いったい何年先のことを言っているのですか。資本コストやIRR（内部収益率）を、中長期的にどう改善していこうと考えているのですか。具体的に教えてください」。

そう問うと、大抵の経営者は口をつぐんだという。「まともな答えを聞いたことがない。中長期的な成長という主張は、今、儲かっていないことの言い訳にすぎない。口先でごまかしているだけだ」。

短期利益だけを追求しているという批判について、福島氏も語気を強めて反論した。

「われわれは、いつだって中長期的な成長を考えてやっているし、イグジットした後も、その会社にはよい会社であってほしいと願っている。『ハゲタカファンド』などとののしられるのはおかしい」

70

攻守の立場が違うため、企業と対立してしまうアクティビスト。だが、企業価値を向上させるという思いは同じなのかもしれない。

（野中大樹）

個人投資家にもチャンス到来?

アクティビストに「便乗」して稼ぐ

資金力に乏しい個人投資家が「アクティビスト」のまねをするのは難しい。巨額の資金で標的企業の株式を大量取得し対話にこぎ着けることが難しいからだ。

だが足元では、個人投資家がアクティビストの活動に便乗できるようにするサービスや、個人の資金を集めてアクティビストファンドとして運用する事業が始まっている。

ネット証券大手の松井証券は、2020年4月10日から個人投資家向けに、大口投資家の動きを簡単に追跡できる情報ツールの提供を始めた。

「アクティビスト追跡ツール」と銘打ったこのサービス。最大の特徴は、大口の投資家が株式を大量に買ったタイミングや、カラ売りした際の残高を、株価の推移と一緒にわかりやすく表示できることだ。

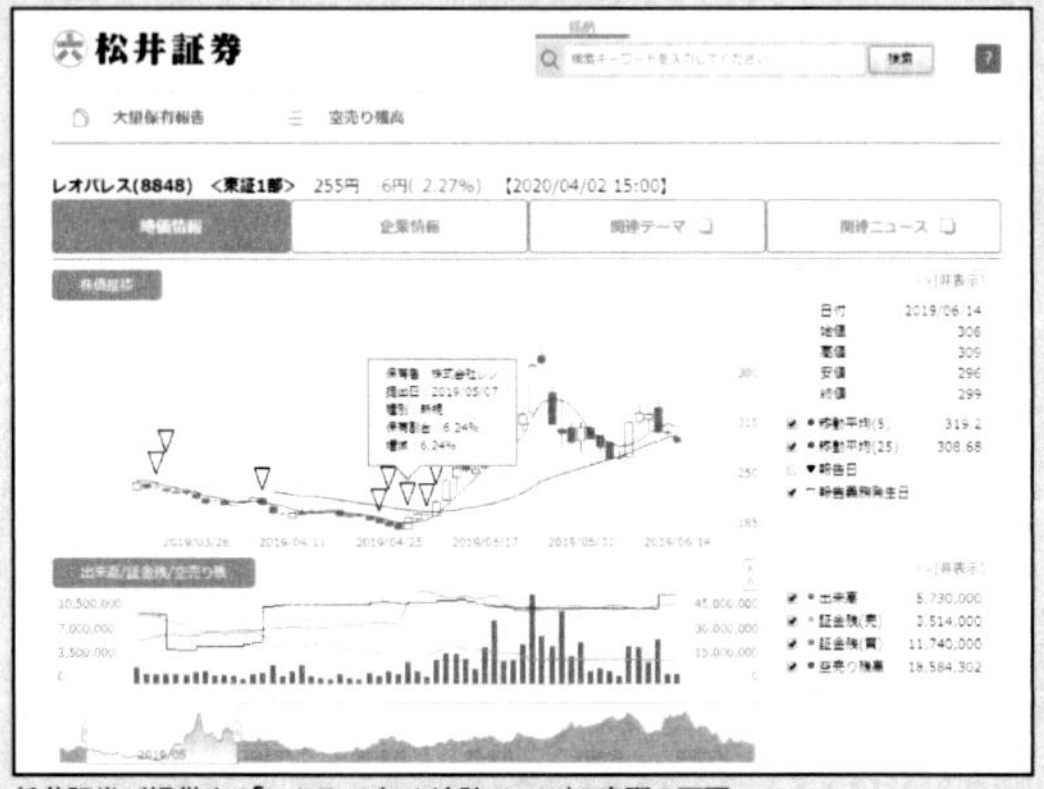

松井証券が提供する「アクティビスト追跡ツール」の実際の画面

表示例を見ると、村上ファンド系のレノがレオパレス21の株式を取得（画面上では▽で表示）した後に、株価が上昇したことが直感的にわかるようになっている。

個人にも門戸を開く

このサービスでは、大口投資家の動向を公開情報から取得している。元データの大量保有報告書やカラ売り残高の報告は誰でも閲覧可能だが、毎日多数の報告が行われるため確認作業が個人には煩雑だ。

開発を手がけた松井証券の窪田朋一郎・営業推進部副部長は、「ツールを使えばファンドごとの売買パターンがわかるので、小回りの利く個人投資家は先回りして投資できる」と話す。

将来的には、大口投資家が提出した株主提案の内容を、個人投資家に説明するサービスを追加し、投資先企業への関心を高めたい考えだ。

個別の株を売買するのが面倒だという人には、投資信託という選択肢もある。同じくネット証券大手のマネックスグループは、「マネックス・アクティビスト・ファンド」という公募投信を、6月にも個人投資家向けに発売した。

アクティビストに分類されるファンドの多くは、私募投信という仕組み。ファンドに出資できるのは、銀行などの金融機関か、年金運用会社など少数の大口機関投資家に限られてきた。

だが、今回の新しい投信は、マネックス証券に口座があれば誰でも購入可能で、資金規模の小さい個人投資家でも購入しやすい。

10～15銘柄の日本株に集中投資するというマネックス・アクティビスト・ファンド。マネックスグループ社長の松本大氏は、「日本の個人のお金が入ることで、これまでのファンドとは違う対応を企業から引き出せるはずだ。資本市場全体の活性化にもつなげたい」と意欲を見せる。

「便乗投資」の注意点

アクティビストの後追い投資や、アクティビストファンドへの投資を行う際には注意すべき点もある。

まず、アクティビストが株を買い付けたからといって株価が上がるという保証はない。大口投資家といえども途中で戦略を変更し撤退せざるをえなくなる場合もあるからだ。

企業との対話重視をうたう別のファンドでは、十分な資金が集まらず、企業との対話もつまずいたケースがある。

また、ＴＯＰＩＸやＳ＆Ｐ５００などの指数連動型の投信よりも高い信託報酬を負担することになる。それだけに、投資判断は慎重にすべきかもしれない。

（梅垣勇人）

迫り来るESGの波

「私たち（若い世代）を裏切るならば、あなたたちを絶対に許さない」

17歳の活動家グレタ・トゥーンベリ氏は国連の温暖化サミットでそう演説し、環境問題の重大性を訴えた。彼女の声が、経済を最優先してきた企業経営者や投資家の行動変化を後押ししている。

これまで投資家が企業に求めてきたのは株価の上昇と配当などの株主還元だ。そのため経営者には利益の追求が第一に求められてきた。ところが、少なくとも短期的には利益に寄与しない要素も重視する投資家が増えている。

彼らが行うのは環境（E）、社会（S）、ガバナンス（G）を重視したESG投資である。中でもE、とくに二酸化炭素（CO2）の排出抑制への関心が高い。

海外では環境団体が投資の力で資源会社などに行動変化を迫る動きが活発化。さらに、ここに来て目立つのが金融機関への株主提案だ。

中には提案が可決された例もある。南アフリカのスタンダード銀行に対する現地のNPOなどによる株主提案では、石炭火力発電等への貸し出し方針を作成し開示するという案が55％の賛同を得て可決された。

■ 資本の力で、温室効果ガスの排出削減を後押し
—海外で金融機関に対して行われた環境配慮を求める株主提案—

機関名	提案内容(抜粋)	結果
スタンダード銀行	①温室効果ガス排出について、会社の分析結果を2019年11月までに株主に報告する。②石炭火力発電等への貸出方針を作成し開示する	②のみ可決
JPモルガン・チェース	温室効果ガスの排出量を削減できるのか、どのような方法で行うのかについて説明する報告書を作成する	提案中
オーストラリア・ニュージーランド銀行	化石燃料資産へのエクスポージャーを削減するための戦略と目標を2020年以降の年次報告書に記載する	否決

(出所)気候ネットワークの投資家向け説明資料、提案元団体の資料を基に東洋経済作成

パリ協定の威力

こうした動きが本格化したきっかけが、2015年に国連で採択されたパリ協定だ。気候変動を抑制するための国際的な枠組みで、日本も批准している。産業革命以前と比べて地球の平均気温上昇を2度より十分低く保つ、世界の温室効果ガス排出量をできるだけ早くピークアウトさせるなど、長期目標を掲げている。

パリ協定の目標を達成するために、世界の中央銀行などが策定したのが気候変動関連財務情報開示タスクフォース（TCFD）。気候変動のリスク評価やリスク低減の方法など、主に4項目について企業に情報開示を求めている。日本でもすでに248機関（2020年3月時点）が賛同を表明した。

TCFDに賛同している企業に対し、環境団体はTCFDの趣旨を守るように働きかけを強めている。ターゲットとなっているのが金融機関だ。

もともと、海外では環境問題に危機感を持っている金融機関が多い。投資顧問会社や資産運用会社は、年金基金のような長期資金の運用受託が中心であるため、投融資先が長期的に事業を継続できることが必要だからだ。

例えば、米投資顧問会社のブラックロックは20年1月に発表したCEOの書簡で「気候リスクは投資リスクだ」と指摘。さらに「持続可能性に対する企業の取り組みが不十分ならば、取締役や経営陣へ反対票を投じる姿勢を強める」と警告している。

環境団体にとっては、金融機関1社を動かすことで、幅広い投融資先に影響力を与えることができる。

この波は日本にも到来した。20年3月、環境NGOの「気候ネットワーク」は、みずほフィナンシャルグループ（FG）に対して、6月の定時株主総会に向けた株主提案を行った。「パリ協定の目標に沿った投資を行うための指標及び目標を含む経営戦略を記載した計画を年次報告書にて開示する」と定款に記載するよう求めたのだ。

みずほFGは「個別の株主提案についての回答は差し控える」とするが、「気候変動が重要なグローバル課題の1つであると認識している」と後ろ向きの姿勢は示していない。ただ、気候ネットワークの平田仁子氏は「今回の提案は否決される可能性が高い」と冷静だ。

勝算が低いことを認識しながらも提案に至ったのは、「株主提案を行えば、経営陣に必ず（問題意識が）届く。提案をきっかけに気候変動に向き合って、情報開示を積極化してほしい」からだという。

日本企業の本気度は？

株式市場もＥＳＧについての情報開示の充実を求め始めた。

東京証券取引所などを運営する日本取引所グループは、２０年3月31日に「ＥＳＧ情報開示実践ハンドブック」を公開した。すでに開示を実施している企業の実例を掲載し、上場企業がＥＳＧについての情報開示で押さえるべきポイントなどを説明している。

もっとも、ＥＳＧに対する日本企業の本気度はまだまだ未知数だ。

米国に拠点を置く環境団体のレインフォレスト・アクション・ネットワークの調査では、石炭火力発電への融資額で日本の金融機関が上位に並ぶ。しかも、１８～１９年にみずほFGと三井住友フィナンシャルグループ（FG）が化石燃料への融資・引受額を増やしたと指摘する。

世界からの圧力を受け、三井住友FGは20年4月1日からグループの経営理念に「社会課題の解決を通じ、持続可能な社会の実現に貢献する」という一節を追加した。みずほFGも「石炭火力を含む気候変動に関連するセクターについても、気候変動リスクの認識、もしくは適切な採り上げ基準の追加を検討していく」と回答した。

もともと日本企業は短期利益ではなく、長期利益の重視を標榜。株主のみならず、顧客、従業員、地域社会などステークホルダー全体の利益を重視してきたはずだ。その意味でESG、とくにEとSは何も新しい概念ではない。

実際、ESGが広がる前からCSR（企業の社会的責任）を掲げて環境問題や社会問題の解決に取り組んできた企業も多くある。

しかし、リーマンショックなどで業績が悪化すると、CSR活動を休止した企業が少なくない。足元で新型コロナウイルスの影響が広がる中で、日本企業はESGに取り組む余裕を失いつつある。

ただ温暖化は刻々と進行しており、企業の環境・社会・ガバナンス課題への取り組みは、投資家の注目を集め続けている。企業に注がれる厳しい視線は当分緩みそうにない。

（梅垣勇人）

INTERVIEW

価値創造のストーリーをアクティビストに打ち返せ

一橋大学　CFO教育研究センター長・伊藤邦雄

「8%」という具体的なROE目標をあえて盛り込んで話題を呼んだ「伊藤レポート」発表から6年。株主資本の活用に加えて、環境課題や労働分配率の向上などの新たな要求が経営者に突きつけられるようになってきた。こうした流れにどう向き合えばよいのか。伊藤邦雄・一橋大学CFO教育研究センター長に聞いた。

——伊藤レポートの公表後に日本企業のROEは改善しました。

1、2年ぐらい前にROEは上場企業平均で10%ぐらいになった。新型コロナウイルスの流行で今は落ちているが、レポート発表時の約4・5%からするとはるかに高まった。8割以上の上場企業が中期経営計画の主要な指標であるKPI（重要業績評価指標）にROEを入れている。認知度も高まったし、経営者にもROEを含む資本生産性を高めなくてはならないという認識が広まっている。

――ESG経営や同投資も一般的になりつつあります。

2006年にPRI（国連責任投資原則）というのができたことが大きい。その中で6原則が示され、投資家はESGをこれから分析対象としますというのと、企業側もESGについてちゃんと開示してくださいという2つの原則が入った。

機関投資家はESGに関わる原則をちゃんと守って、PRIにお墨付きをもらわないと、GPIF（年金積立金管理運用独立行政法人）のような公的資金の運用機関になれなくなった。

時計の針を戻すな

――ESGに集中するとROEが下がりませんか。

私もそれを心配している。せっかくガバナンス改革で資本生産性、ROEを上げてきたのに、「ESGにもっとリソース（経営資源）を使っていくからROEはもう7％以上には上がらない、勘弁して」と言ったら、時計の針が戻ってしまう。そうならないために、21世紀的なKPI、物差しを開発しなくてはならない。そこで私は「ROESG」という、21世紀の企業の総合的評価指標を打ち出し、商標権も取得した。

――ROEとESGを一体として考えるということですか。

われわれが何をやっているのかというと、結局は各国でガバナンス改革をやっているわけです。ただ進め方が違う。

日米で言うと、米国は株主に目を向けすぎて、株主に振り回されすぎた。そこで「株主だけではないステークホルダー（利害関係者）を大事にしよう」となった。一方、日本でのガバナンス改革の原点は「日本企業は資本市場を見なさすぎだ。投資家との対話をやらなさすぎだ」という認識だった。そこから、「まずは資本生産性を高めよう」

という流れになった。

日米はそれぞれ立ち位置の違うガバナンス改革を進めてきたが、どうやらこれが今では収斂してきている。私はそう思っている。

――どうして収斂してきているのでしょうか。

気候変動問題という重大な地球全体の問題から、各企業がさまざまなネガティブなインパクトを受けるようになったからだ。

企業活動を支えていた思想や思潮というものがある。アダム・スミス流の考え方とミルトン・フリードマン流の考え方だ。スミスは有名な「見えざる手」を主張した。各企業が個々に一生懸命利益を追求する活動をしていけば全体として効率的な資源配分になり、社会全体が繁栄する。つまり部分知を追求していけば社会全体がよくなるという発想だ。

フリードマンは「企業の社会的責任は最大利潤を追求することだ」と言った。最大利潤を基に税金を払い、株主に還元することが社会的役割だという意味だ。彼がそう言ってから20年で50年が経つ。その結果、どうなっただろうか。

偉人も驚く不測の事態

50年以上前、地球温暖化による気候変動問題は事実上起こっていないのと同じか、認知もされていなかった。だが、2人の偉人が予想していなかったような事態がその後に起こってきた。

ESG経営というのは、経済活動が外部不経済をもたらしている、だから外部不経済までも視野に入れた持続的な経済活動をしてください、ということだ。ESG投資というのは、機関投資家も金融界も、もっとESGに目を向けてください、という動きだ。ESGに不熱心なところには融資もしません、仮に融資しても条件は厳しいですよというように動いてきた。

そうなると資本主義はESGに収斂していかざるをえない。そのぐらい、今われわれが直面している気候変動問題というのは深刻だということだ。

――高ROEを保ちながら、株主以外へも配慮できるでしょうか。

問題は、「労働分配率がフラットか少し下がってきている」ということだ。分配の話はROEを高めるのか、それとも労働者への分配を高めるのかという、二項対立的な話になりがちだ。

大事なのは時間軸をうまく使うことだ。例えば最初の5年は株主の側に厚くする、次の5年間は従業員への分配を厚くしていくといったように、だ。従業員だってROEや配当を高めて、自社株買いばかりやっていたら頭にくる。4年後、5年後には労働分配率を高めていきますよということを、重要なステークホルダーである従業員との対話の中で丁寧に説明していくべきだ。

――労働分配を強化するとアクティビストと対立しかねないのでは。

（労働分配の強化で）株価が下がるとは一概に決めつけられない。社員がモチベーションを高めて、いい働きをしてくれれば、生産性が高くなる。よって企業価値は上がっていくはずだ。企業価値が上がったらアクティビストだって別に嫌というわけではない。そこをきちんとアクティビストに説明し、打ち返していくべきだ。もちろん、アクティビストの主張に企業価値向上に取り入れられる点があれば勇気を持って取り入れるべきだ。

日本企業はこれまで、カウンターとなる考え方を対話の中で示してこなかった。アクティビストに何か言われたら「ノー」と言うか、サイレントを決め込むか、体をすくめて「じゃあ、そうしましょうか」と譲歩してきた。きちんと打ち返せるだけの企業価値創造のストーリーを普段から取締役会で議論していることが大事だ。

（聞き手・梅垣勇人、山田雄一郎）

伊藤邦雄（いとう・くにお）

1951年生まれ。75年一橋大学商学部卒業。92年同大教授。2015年から現職。中央大学大学院戦略経営研究科特任教授を兼務。三菱商事や東京海上ホールディングス、住友化学などの社外取締役を歴任。現在、小林製薬、東レ、セブン&アイ・ホールディングスの社外取締役。14年に公表した「伊藤レポート」で時の人に。

会社への白紙委任状で判明　大手損保、信託銀行のおざなり

東証1部上場の中堅海運会社・乾汽船の臨時株主総会（2019年11月4日開催）で、110を上回る数の株主が自ら議決権を行使せずに、会社側に白紙委任していた実態が、本誌が入手した同社の内部資料で判明した。

これらの株主が乾汽船に提出した白紙委任状では、大株主である投資会社アルファレオホールディングスによる株主提案に対する賛否や委任先の代理人名が未記入になっていた。乾汽船は、未記入の白紙委任状を集めたうえで、これらの株主に代わって議決権を行使する社員の氏名や日時などを記載。白紙委任状を含めて180人（社）分の委任状を集め、乾康之社長の解任などを求める投資会社による株主提案を退けた。

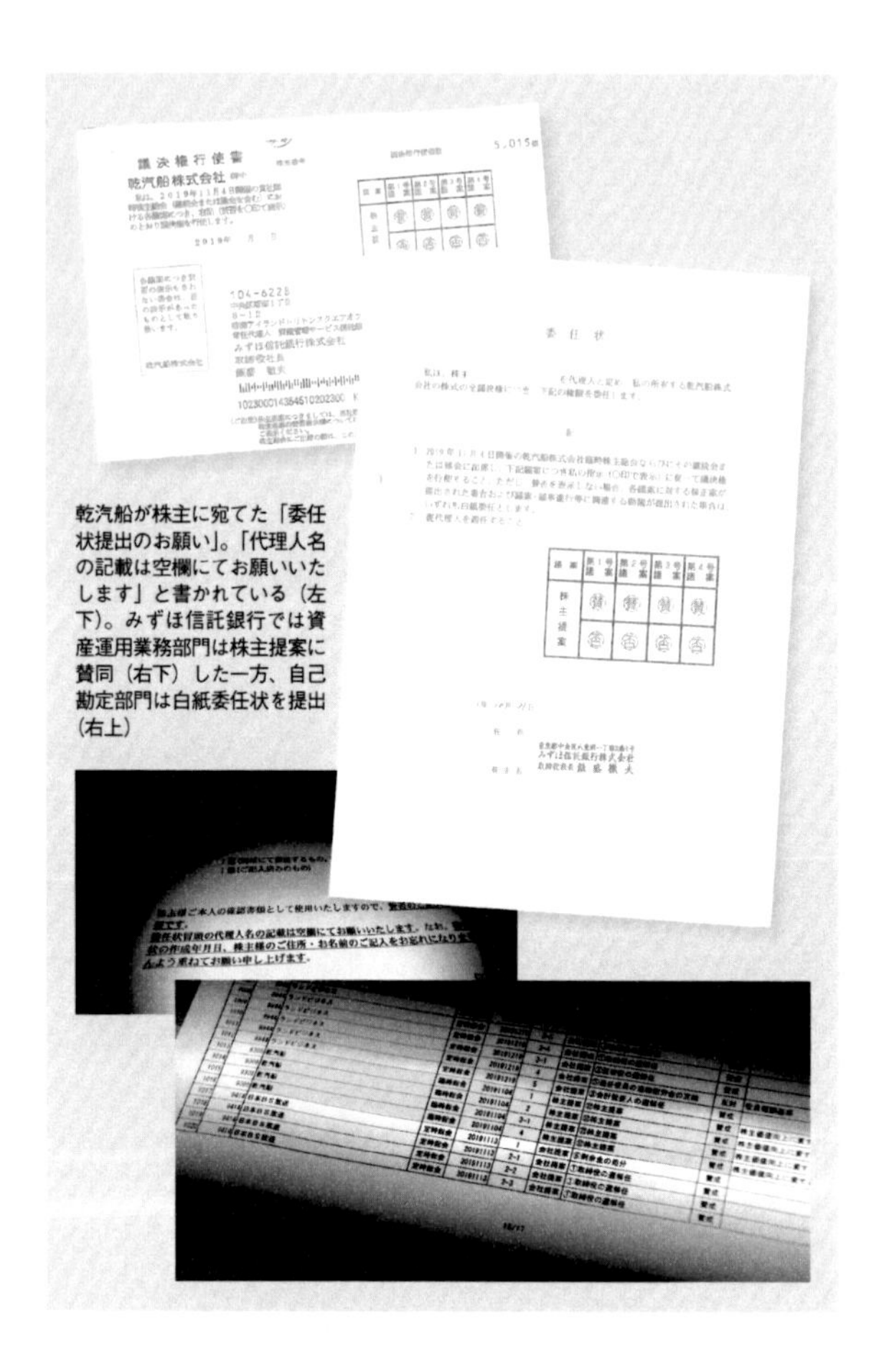

乾汽船が株主に宛てた「委任状提出のお願い」。「代理人名の記載は空欄にてお願いいたします」と書かれている（左下）。みずほ信託銀行では資産運用業務部門は株主提案に賛同（右下）した一方、自己勘定部門は白紙委任状を提出（右上）

分かれた金融機関の対応

白紙委任をした株主リストには、社員株主や従業員持ち株会、倉庫会社などの取引先に交じって、三井住友海上火災保険や、みずほ信託銀行などの金融機関も含まれていた。

このうち、三井住友海上は「日本版スチュワードシップ・コード」（受託者責任指針。以下「日本版ＳＣ」）に賛同しており、同コードを受け入れて受託者責任を果たす旨を１４年5月に表明している。

三井住友海上が公表している「日本版ＳＣ諸原則にかかる当社方針」に「議決権の行使は投資先企業の経営に影響を与え、企業価値の向上につながる重要な手段と考えております」との記載がある。同社は白紙委任をした事実を認めたうえで、「実質的には会社提案に賛同している趣旨だ」と述べている。

三井住友海上と異なる対応をしたのが、東京海上日動火災保険だ。同社は議決権行使書を提出したうえで、乾汽船の求めに応じて委任状を提出している。委任状には日時を記載し、賛否の欄に丸を記載していた。なお、同社も日本版ＳＣに賛同表明している。

みずほ信託の対応も注目される。同社がスチュワードシップ活動に基づいて開示した「１９年１０月～１２月に開催された株主総会における議決権行使結果」によれば、「株主価値向上に資すると判断」したことにより、投資会社による４つの株主提案

①取締役の報酬総額の引き下げ
②剰余金の配当〈増配〉
③取締役１名〈乾康之社長〉解任
④自己株式取得

のすべてに賛成した事実が記載されている。

つまり、顧客から資産運用を受託している部門では株主提案に賛同して議決権を行使し公表。

他方、同じ銀行でありながら、政策保有株式（自己勘定保有分）については、乾汽船の主張に賛同して白紙委任状を提出していたことが新たに判明した。

後者について、みずほ信託は情報開示をしておらず、今回、本誌の取材により、その事実が明らかになった。

こうした白紙委任状の提出について、専門家はどう見ているのか。M&Aやコーポレートガバナンスに詳しい田中亘・東京大学教授によれば、会社経営陣と対峙する株主による動議への備えとして白紙委任状を会社側が集めることは、これまで広く行われてきたという。

「例えば株主総会の会場で、当日出席した株主から議長不信任などの動議が提出されることはありうる。このような手続き的な動議については、書面によって議決権行使をした株主の意図は知りようがないことから、総会会場に出席した株主のみの多数決で決めることになる。そうした場合、動議が通ってしまうおそれがある。そのため、あらかじめ会社側が会社の意向を支持する株主から白紙委任状を取っておくことがある」(田中教授)

ただ、三井住友海上のように、単に白紙委任をしていると、「機関投資家としてきちんと検討していないのではないかとの疑問が生じる」と田中教授は指摘する。そのうえで、「受託者責任の趣旨に反するとまでは言えないかもしれないが、白紙委任は機関投資家としての判断をきちんとしたのかという疑いを生じさせる」とも言う。

みずほ信託では資産運用業務で日本版SCに賛同を表明している一方、社内にそれが適用されない政策投資株式を管理する自己勘定の部署が存在している。ちなみにみずほ信託は、乾汽船から名義書換などの株式事務を受託している。委任状の提出は会社側と利害が一致する。

みずほ信託は政策保有株に関する議決権行使について、「一般論として、発行会社が適切なガバナンス体制を構築し、中長期的な企業価値の増大につながる適切な意思決定を行っているかという観点や、当行グループの企業価値向上の観点も踏まえ、総合的に賛否を判断し、議決権行使を行います」と答えた。つまり、政策保有株の議決権は乾汽船に白紙委任することが、みずほ信託の企業価値向上につながると判断したわけだ。

白紙委任状はトラブルも引き起こしかねない。乾汽船の臨時株主総会では株主に代わり、ある社員の名義でまとめて議決権行使した。そのため、万が一にも同社員が寝返った場合、会社の思惑とは異なる結果になりうる。こうした事態が想定されるため、マンション管理組合向けに国土交通省が定めた「マンション標準管理規約」ですら白紙委任状は望ましくないとしている。まったくの同列で扱うことはできないが、株主総会に関しても議論が必要といえそうだ。

（岡田広行、山田雄一郎）

ＮＴＴと２０００億円ずつ

持ち合い進めるトヨタの焦燥

トヨタ自動車とＮＴＴが２０２０年３月２４日に業務資本提携を発表、スマートシティー実現という壮大な目標に向け、「ＮＴＴとトヨタが日本を背負うという気概を持ち、多くの仲間を巻き込む」とトヨタの豊田章男社長はぶち上げた。

新型コロナウイルス禍で暗い話題が続く中、前向きなニュースは各所で好意的に受け止められた。

しかし、資本提携の内容を知ったある金融関係者は眉をひそめた。両社が２０００億円ずつ相互出資し、株式を持ち合うからだ。

昨今、持ち合いはガバナンス上、望ましくないとされている。経営方針に異を唱えない〝物言わぬ株主〟の存在は、経営から緊張感を失わせ、企業価値の向上を妨げるからだ。

コーポレートガバナンス・コードも、基本的に持ち合いの縮減を求めており、多くの上場企業が持ち合い解消を進めている。

にもかかわらず、世の中の流れに逆行するように、近年のトヨタは持ち合いを強化している。2017年にはマツダ、19年にはスズキ、SUBARUとの相互出資を発表している。

むろん、それぞれの関係は「出資ありき」ではない。というのも、トヨタが金づる扱いされることを豊田社長は非常に嫌うからだ。「もっといい車づくり」という志に共鳴する「仲間」であることが最優先。ただ、証しとして〝血の契り〟も重視する、アンビバレンス（相反する感情）がある。

とはいえ、「持ち合いをするのには買収防衛の目的もある」とあるトヨタ幹部は率直に認める。時価総額21兆円のトヨタといえど、巨大なIT大手や政府系ファンドなら買収が可能。トヨタはそれを恐れているのだ。

■ **NTTも仲間入り** —トヨタ自動車の主な持ち合い関係—

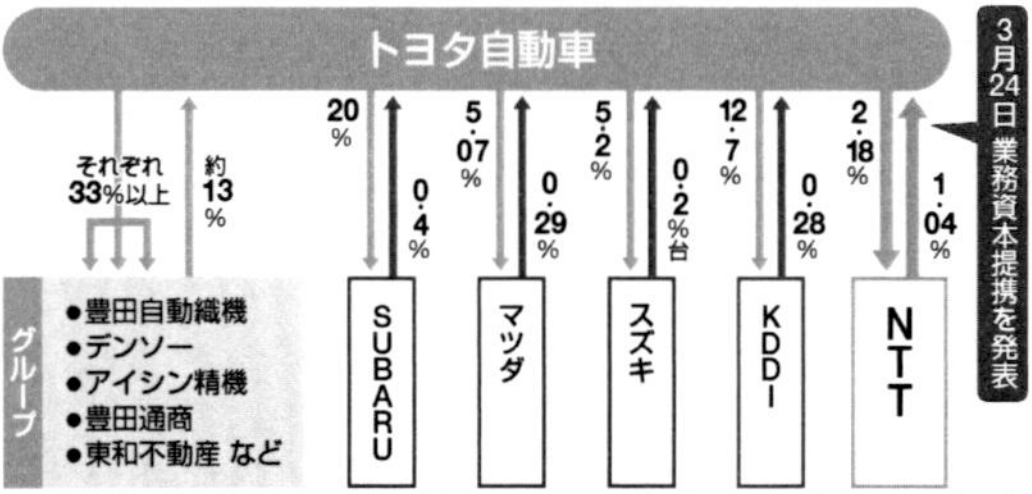

トヨタ自動車

それぞれ33%以上

約13%

グループ
●豊田自動織機
●デンソー
●アイシン精機
●豊田通商
●東和不動産 など

20% 0.4% SUBARU

5.07% 0.29% マツダ

5.2% 0.2%台 スズキ

12.7% 0.28% KDDI

2.18% 1.04% NTT

3月24日 業務資本提携を発表

（注）%は議決権保有比率　（出所）各社公表資料を基に可能な限り最新の状況で計算し東洋経済作成

日本製鉄は売却か

デンソーや豊田自動織機といった直系部品メーカーに東和不動産などを加えた主要グループ会社にはトヨタが各20％以上出資。グループ内の持ち合いも加えると、少なくとも株式の3分の1超はトヨタ関連企業が押さえる。逆にグループ各社がトヨタ株の計約13％を保有、相互に持ち合っている形だ。

幅広い調達の裾野を持つトヨタは、パナソニックやブリヂストンなどの事業会社、金融機関とも株式を持ち合っている。多くの企業が持ち合いを減らしているが、さすがにトヨタ株を簡単に売るわけにはいかない。

遠目には盤石に見える城壁だが、一部では穴も開き出した。

2019年、日本製鉄はトヨタ株の大部分を売却したとみられる。日本製鉄は21年3月期までの3年間で政策保有株を中心に4000億円以上の資産圧縮を実施中。3000億円は達成しており、その一環ではないかとの見方がもっぱら。日本製鉄は開示していないが、トヨタ幹部は売却の報告を受けている。

今後、新型コロナウイルス禍による世界的な経済悪化で、業績が苦しくなる企業が続出することは想像にかたくない。

そういう意味で、NTTとの持ち合いは、業務提携の実効性を高めるため〝だけ〟が理由ではない。買収防衛の目的〝も〟確実にある。

上場している以上、株式を買われることは仕方ない。とはいっても、万一、トヨタが海外資本に買収されれば、日本経済への影響は絶大だ。

そもそもコーポレートガバナンス・コードは「コンプライ・オア・エクスプレイン（順守せよ、さもなくば、説明せよ）」が原則である。必ずしも順守しなくても構わない。しかしその場合は、丁寧な説明が求められる。「持ち合いに意義がある」と考えるなら、自信を持って説明すればいい。

（山田雄大）

官邸・経産省がリード、尻拭いは財務省

経済安保強化に乗じたアクティビスト封じ

経済安保の強化か、アクティビスト封じか――。議論百出の改正外為法は、3月13日、政省令改正案が公表されてパブリックコメントがスタートした(4月12日まで)。政府は4月下旬にも事前審査が必要な「銘柄のリスト」を発表し、5月に施行された。

改正の柱は、国家の安全保障上重要な上場会社の株式を海外投資家が取得する際、事前審査が必要となる出資比率を「10%以上」から「1%以上」に引き下げること。

安保上重要とされるのは武器や航空機、原子力、宇宙、軍事転用可能な汎用品の製造業、サイバーセキュリティーなど12分野の「コア業種」と、放送や警備、農林水産、海運など「ノンコア業種」に分類される。一方、事前届け出を不要とする「包括免除」や「一般免除」の仕組みも整えられた。争点になったのは「どういう銘柄が対象になるのか」に加え、「どういう投資家が、どの銘柄に投資する際に免除対象になるのか」だ。

銘柄選定の根拠になる業種について財務省は当初、4~5の最重要業種をレッドリスト、重要業種をイエローリストという形で分類していたが、自民党の国防族議員や経済産業省から「これを買ってくださいというショッピングリストを示すようなものだ」という指摘が入ったため、最重要業種は12に拡大することで〝希釈〟。名称もコア業種・ノンコア業種に改めた。

投資家の分類については、外国金融機関、すなわち証券会社や銀行、保険会社、運用会社など当該国の規制・監督を受けている金融機関は「経営に関与しない」ことなどを条件に規制の対象外になった。

海外の国有企業はコア・ノンコアとも事前審査の対象。一方、海外のソブリン・ウェルス・ファンドや公的年金基金は、日本政府の認証を受けることでノンコア業種への投資は規制が免除となる。一般投資家もノンコア業種への投資は規制を受けないで済む。

政省令案の公表直前までもめたのが「一般投資家がコア業種に投資する場合」だった。「一般投資家」の概念は広く、アクティビストが一般投資家に分類されるのかは不明瞭なまま。19年秋までは一般投資家がコア業種に投資する際は事前審査の対象となっていた。これが海外投資家の反発を招いたため、財務省は「上乗せ2条件」をクリアすれば免除対象になる、と設計し直した。

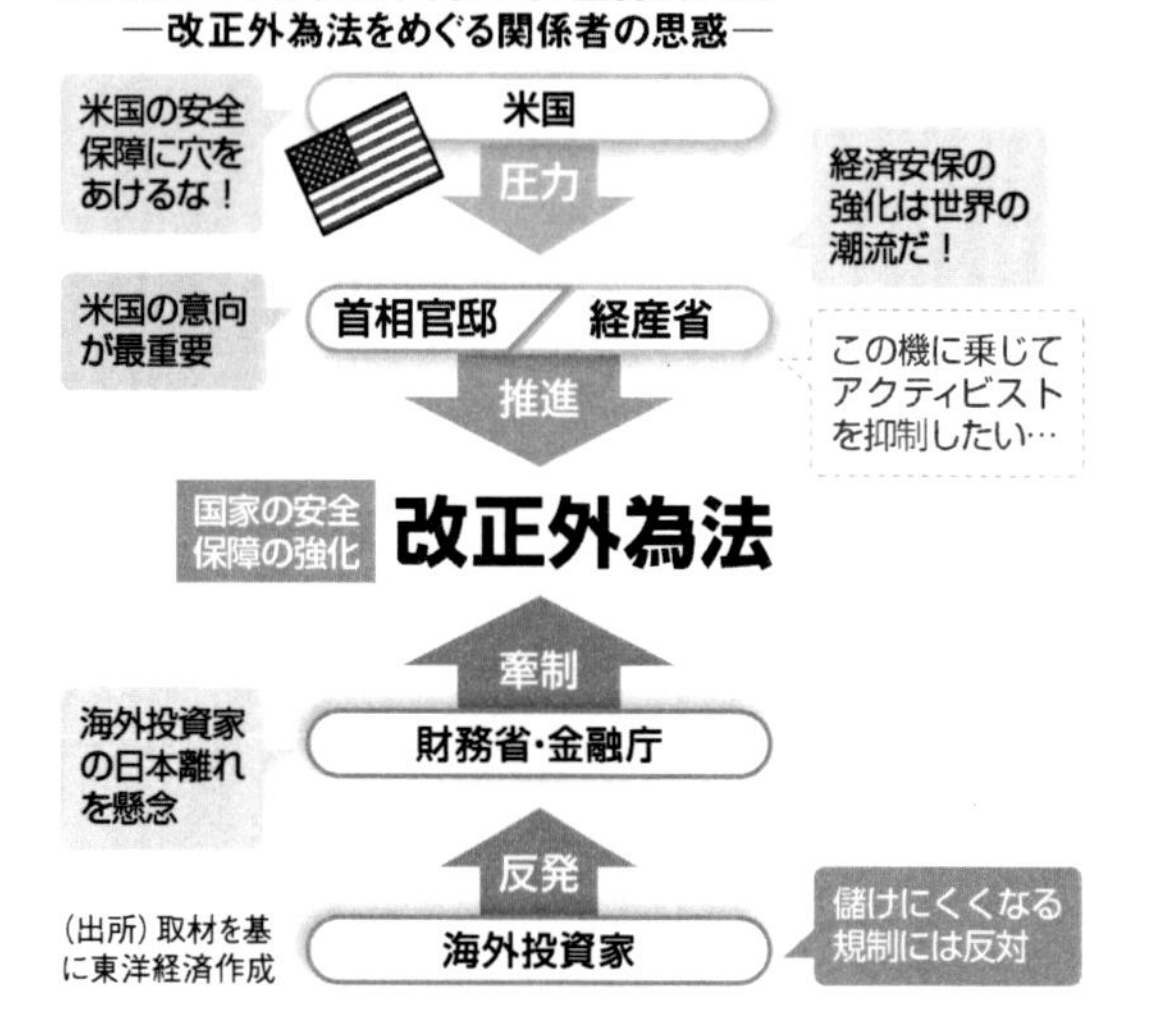
■ 第1の目的は、国家の安全保障だが…
―改正外為法をめぐる関係者の思惑―
米国の安全保障に穴をあけるな！
米国
圧力
経済安保の強化は世界の潮流だ！
米国の意向が最重要
首相官邸
経産省
推進
この機に乗じてアクティビストを抑制したい…
国家の安全保障の強化
改正外為法
牽制
海外投資家の日本離れを懸念
財務省・金融庁
反発
海外投資家
儲けにくくなる規制には反対
（出所）取材を基に東洋経済作成

異例の事前審議

ところが公表された上乗せ2条件案が「重要な会議に自ら参加しない」「取締役会に期限を付して回答・行動を求める書面提案を行わない」という典型的なアクティビストの行動パターンを指し示す内容であったため「やっぱり法改正の真の狙いはアクティビスト封じだったのではないか」と火に油を注ぐことになった。

3月12日に開かれた自民党財務金融部会のテーマはこの政省令案の中身だった。政省令案が公表前に自民党内で審議されるのは異例。出席した阿達雅志参議院議員は「アクティビスト封じではないことを、より明確な文言にしたほうがいい」と修正を要求。財務省は上乗せ2条件について推敲を重ね、会議参加や書面提案は「安保上重要な事業に関して」という趣旨が伝わる文言へと条文を修正した。

官邸が改正を急ぐ背景には、外資規制を強める米国の意向がある。経産省も経済安保強化に前のめりだが「アクティビストも制御できる」という声が省内にあるのも事実で、実務を担う財務省の苦労はもう少し続きそうだ。

（野中大樹）

INTERVIEW

会社はモノでありヒト　会社財産は会社の所有物

国際基督教大学　特別招聘教授／東京大学　名誉教授・岩井克人

今から50年前の1970年、『ニューヨーク・タイムズ・マガジン』は、ミルトン・フリードマンの「ビジネスの社会的責任は利潤を増やすこと」と題するエッセーを掲載した。

会社は株主のものである。会社の経営者が、倫理観に駆られて、環境への配慮や雇用の維持、地域への貢献といった目的を追求するのは、本来ならば株主が自由に使い道を選ぶべき利潤を、経営者の一存で使ってしまうという意味で、一種の窃盗、いや「社会主義だ」と批判したのである。当時は冷戦下。戦闘的な反社会主義者だったフリードマンにとって、社会主義者であることは、資本主義下での窃盗よりも悪い「悪」

であった。
このエッセーは、20世紀後半から今までどの経済学者が書いたものより大きな影響力を持ち、米国を中心として、会社経営のあり方に関する標準的な見方をつくったのである。その末裔がカール・アイカーン氏や村上世彰氏のような「物言う株主」である。

ところで、2019年8月、米国の「ビジネス・ラウンドテーブル（BRT）」が「会社の目的に関する声明」を発表した。BRTとは、JPモルガンやGM、アップルなど、米国の主要な会社が参加する経営者団体である。その団体が、株主中心主義を反省し、会社が長期的に成功する唯一の道は、顧客、従業員、供給者、地域社会にも責任を負うことだと宣言したから、大きな話題となった。

残念ながら、この声明もフリードマンの手のひらで踊っているだけだ。彼は、このような動きを50年前に予期し、「偽善」だとからかっている。それは「短期的な利潤追求を長期に変えただけ」で、倫理的に聞こえる「社会的責任」などと言わずに、正直に「会社の目的は株主の長期的な利潤」と言うべきだと、切り捨てている。

では、どうしたらミルトン・フリードマンの呪縛から抜け出せるのか？　その道はただ1つ。「会社は株主のものでしかない」という見方は「理論的な誤り」であることを示すことである。

企業には、街角の八百屋さんのような法人化されていない「単なる企業」と、トヨタ自動車のような「法人化された企業」がある。この2つをまったく同じに扱ったのがフリードマンの誤りだ。法人企業の別名――それが「会社」だ。

「単なる企業」も「法人企業」としての「会社」も、営利的な経済活動をする「企業」であるという点では同じだ。だが、両者の間では、法律的な構造や経済的な仕組みに根源的な違いがある。

「単なる企業」の場合「企業はオーナーのもの」である。八百屋が売るリンゴや仕入れ用のトラックなど、商売道具はすべてオーナーの所有物。だから店頭のリンゴを店の主人が食べても誰もとがめない。オーナーの権利は無限だ。

裏腹に、責任も無限である。仕入れに使うトラックが事故を起こせばオーナーが法廷に立つ。業績の悪化で信用金庫からの借金が返せなくなったら、オーナーの個人資産が差し押さえられる。「単なる企業」のオーナーは権利も無限だが、責任も無限なのである。

これに対して法人企業、つまり会社はまったく別の仕組みだ。フリードマンに心酔して、「会社は株主のものである」と信じ込み、百貨店の株主が地下の果物売り場にあるリンゴをがぶりと食べたらどうなるか。窃盗罪である。

なぜなら、株主は会社財産の所有者ではないからである。法人としての会社が所有者である。「法人」とは法律上ヒトとして扱われるモノのことである。店頭の商品も、工場の機械も、社長室の机も、すべて法律上のヒトとしての会社の所有物なのである。また外部との取引契約もすべて法人としての会社の名で結ばれ、裁判では法人としての会社が被告や原告になる。

では、株主は何を所有しているのか？ 会社の株式を所有しているのである。株式とはモノとしての会社の別名であり、モノとしての会社を売り買いする市場が株式市場なのである。

したがって、株主の責任は有限である。会社が倒産しても、債権者は会社財産しか差し押さえられない。株主は株券の価値を失う以外は、個人資産は失わない。

責任が有限ならば、権利も当然有限である。会社の株主が、単なる企業のオーナーのように、会社に対して無限の権利を要求するならば、無限の責任を引き受けなければならない。会社は株主のものでしかないというフリードマンの主張は、理論的な誤りなのである。

「会社」は中間形態

実は、法人の起源は、資本主義とは関係がない。西欧中世における教会や大学、自治都市といった非営利法人なのである。

教会がなぜ法人になったかというと、敬虔な信者がいて、来世の魂の平安のために、死後も自分のために祈ってほしいとお坊さんに寄付をする。でも、お坊さん個人への寄付だと、そのお坊さんが死んだら誰も祈ってくれなくなる。

そこで個人ではなくて、教会をヒトと見立てて寄付をするようになる。そうすると、お坊さんが死んだ後でも、教会のほかのお坊さんが祈り続けてくれる。だから、安心して寄付をすることになる。

非営利法人には、同じく法人である会社と違って、利潤を配当すべき株主はいない。それは、誰のものでもない純粋な法人として、まさに利潤以外の「社会的責任」を果たすために生み出された組織のあり方なのである。

そうした起源を持つ法人と、出資者に利潤を配当する企業とが組み合わされ生まれたのが、会社という仕組みである。１６００年に設立された英国の東インド会社がその原型だといわれている。

このように起源にまでたどってみると、会社の見方がひっくり返る。一方に、株主などいない非営利法人があり、他方にオーナーのものでしかない単なる企業があり、この対極的な2つの組織のあり方の中間の形態が会社なのである。

したがって、会社は利潤だけを追求する必要はない。もちろん、私企業である限り最低限の利潤を上げなければ倒産する。だが、そのうえでどういう目的を追求するかは、まさにヒトとしての会社に選択の自由があるのである。

岩井克人（いわい・かつひと）

1969年東京大学助教授、72年マサチューセッツ工科大学 ph.D.取得。73年イェール大学助教授、79年イェール大学コウルズ経済研究所上席研究員、81年東京大学助教授、88年ペンシルベニア大学客員教授・プリンストン大学客員准教授、89年東京大学教授。『会社はだれのものか』の著者。

【週刊東洋経済】

本書は、東洋経済新報社『週刊東洋経済』2020年4月18日号より抜粋、加筆修正のうえ制作しています。この記事が完全収録された底本をはじめ、雑誌バックナンバーは小社ホームページからもお求めいただけます。

小社では、『週刊東洋経済eビジネス新書』シリーズをはじめ、このほかにも多数の電子書籍ラインナップをそろえております。ぜひストアにて「東洋経済」で検索してみてください。

『週刊東洋経済eビジネス新書』シリーズ

No.319　老後資金の設計書

No.320　子ども本位の中高一貫校選び

No.321　定年後も稼ぐ力

No.322　ハワイvs.沖縄　リゾートの条件

No.323　相続の最新ルール

No.324　お墓とお寺のイロハ
No.325　マネー殺到！　期待のベンチャー
No.326　かんぽの闇　保険・投信の落とし穴
No.327　中国　危うい超大国
No.328　子どもの命を守る
No.329　読解力を鍛える
No.330　決算書&ファイナンス入門
No.331　介護大全
No.332　ビジネスに効く健康法
No.333　新幹線　vs.　エアライン
No.334　日本史における天皇
No.335　ＥＣ覇権バトル
No.336　検証！　ＮＨＫの正体
No.337　強い理系大学

No.338　世界史&宗教のツボ
No.339　ＭＡＲＣＨ大解剖
No.340　病院が壊れる
No.341　就職氷河期を救え！
No.342　衝撃！　住めない街
No.343　クスリの罠・医療の闇
No.344　船・港　海の経済学
No.345　資産運用マニュアル
No.346　マンションのリアル
No.347　三菱今昔　１５０年目の名門財閥
No.348　民法&労働法　大改正

週刊東洋経済eビジネス新書　No.349
アクティビスト　牙むく株主

【本誌（底本）】
編集局　山田雄大、梅垣勇人、野中大樹、山田雄一郎
デザイン　熊谷真美
進行管理　三隅多香子
発行日　2020年4月18日

【電子版】
編集制作　塚田由紀夫、長谷川　隆
デザイン　市川和代
制作協力　丸井工文社
発行日　2020年12月14日　Ver.1

発行所　〒103-8345
東京都中央区日本橋本石町1-2-1
東洋経済新報社
電話　東洋経済コールセンター
03（6386）1040
https://toyokeizai.net/
発行人　駒橋憲一

電子書籍化に際しては、仕様上の都合などにより適宜編集を加えています。登場人物に関する情報、価格、為替レートなどは、特に記載のない限り底本編集当時のものです。一部の漢字を簡易慣用字体やかなで表記している場合があります。本書は縦書きでレイアウトしています。ご覧になる機種により表示に差が生じることがあります。

※本刊行物は、電子書籍版に基づいてプリントオンデマンド版として作成されたものです。